Analyse de l'évolu

Andreea-Roxana Danci

Analyse de l'évolution des performances financières.

Approches théoriques et pratiques

ScienciaScripts

Imprint
Any brand names and product names mentioned in this book are subject to trademark, brand or patent protection and are trademarks or registered trademarks of their respective holders. The use of brand names, product names, common names, trade names, product descriptions etc. even without a particular marking in this work is in no way to be construed to mean that such names may be regarded as unrestricted in respect of trademark and brand protection legislation and could thus be used by anyone.

Cover image: www.ingimage.com

This book is a translation from the original published under ISBN 978-620-8-01236-6.

Publisher:
Sciencia Scripts
is a trademark of
Dodo Books Indian Ocean Ltd. and OmniScriptum S.R.L publishing group

120 High Road, East Finchley, London, N2 9ED, United Kingdom
Str. Armeneasca 28/1, office 1, Chisinau MD-2012, Republic of Moldova, Europe

ISBN: 978-620-8-32568-8

Résumé

L'analyse de l'évolution de la performance financière de toute entité économique est essentielle pour une compréhension optimale de la santé financière, permettant à la fois l'identification des tendances essentielles et des facteurs influençant l'entreprise, ainsi que la prise de décisions stratégiques et éclairées pour son avenir.

Cette étude vise à évaluer cette notion complexe pour une entreprise spécifique du secteur de l'hôtellerie et de la restauration, selon le code CAEN, cotée à la Bourse de Bucarest, en prenant comme point de départ les états financiers disponibles pour la période 2020-2022.

Grâce à la méthodologie analytique et diagnostique, nous pourrons enfin émettre des jugements de valeur pertinents, en tenant également compte du fait que, durant la période analysée, l'industrie touristique roumaine a été, dans une large mesure, affectée par l'apparition de la pandémie de Covid-19, ainsi que par la guerre aux frontières de notre pays. Ainsi, nous serons en mesure de déterminer la manière dont la situation financière de la société en question a été influencée.

Contenu

Abréviation

ROE, Rendement des fonds propres

ROA, Rendement des actifs

EBIT, résultat avant intérêts et impôts

Je tiens à exprimer ma plus profonde gratitude à ma famille, qui m'a apporté un soutien inconditionnel tout au long de ce parcours universitaire. Sans votre amour, votre compréhension et vos encouragements constants, je n'aurais pas pu franchir cette étape importante. Vous êtes ma fondation, et ce livre vous est dédié.

Je tiens également à remercier ma professeure pour ses précieux conseils. Votre patience, votre sagesse et votre expertise m'ont fourni la direction nécessaire pour mener à bien ce travail. Je vous suis profondément reconnaissant pour tout le soutien que vous m'avez apporté et pour la confiance que vous m'avez témoignée.

Cette réussite n'est pas seulement l'aboutissement de mon travail, mais aussi le reflet du soutien et de la confiance que vous m'avez tous accordés de manière inconditionnelle.

Introduction

L'analyse des performances financières d'une entreprise est un outil essentiel pour comprendre sa santé et sa réussite dans un environnement commercial dynamique et concurrentiel. L'évaluation de ces performances montre clairement l'efficacité opérationnelle, la stabilité financière et la capacité à générer des profits à long terme. Ce document vise à analyser l'évolution de la performance financière de Turism Felix S.A., un acteur clé du secteur du tourisme de balnéothérapie en Roumanie, sur la période allant de 2020 à 2022.

Turism Felix S.A., cotée à la bourse de Bucarest, a dû faire face à des défis importants ces dernières années, notamment l'impact de la pandémie de Covid-19 et les effets de la guerre aux frontières de la Roumanie. Ces événements ont directement influencé les performances financières de l'entreprise, en affectant les revenus et les dépenses. Dans ce contexte, l'analyse financière devient essentielle pour identifier les facteurs qui ont conduit à l'évolution des résultats financiers et pour formuler des stratégies de développement appropriées.

Le document comprendra une évaluation détaillée de la performance financière de Turism Felix S.A., en utilisant des méthodologies d'analyse diagnostique et des indicateurs pertinents tels que le rendement des actifs (ROA) et le score de Z-Altman pour l'évaluation du risque de faillite. Nous examinerons les documents financiers essentiels, tels que le compte de résultat et le bilan, afin de comprendre la relation entre les revenus et les dépenses, ainsi que leur impact sur la rentabilité et la liquidité de l'entreprise.

Grâce à cette analyse, nous visons à fournir une perspective complète sur la performance financière de Turism Felix S.A., contribuant ainsi à une compréhension approfondie des facteurs qui influencent le succès et la durabilité à long terme de l'entreprise. En outre, nous espérons que cette étude servira de référence à d'autres entités du secteur du tourisme et au-delà, en termes de mise en œuvre de pratiques de gestion financière efficaces et d'adaptation stratégique aux défis de l'environnement économique actuel.

"La capacité d'une entreprise à générer de la richesse et à soutenir la croissance est la mesure ultime de son succès.

— Henry Ford

Chapitre 1. Performance financière d'une entreprise

La performance financière d'une entreprise est essentielle dans l'environnement économique contemporain, car elle fournit un premier aperçu de la santé et de la réussite d'une entreprise. Elle constitue également un outil indispensable pour prendre des décisions stratégiques et s'adapter aux changements du contexte économique mondial.

D'après (Achim & Borlea, 2012)la littérature spécialisée ne fournit pas de définition claire de ce concept. Au contraire, le terme "performance" est défini de manière succincte ou interprété dans un style particulier par différents chercheurs. Par exemple, en 1965, Anthony I. a introduit une première approche de cette idée, en affirmant que la performance ne se mesure qu'à l'aide de deux composantes relativement faciles à interpréter : l'efficience et l'efficacité.

De même, Porter M. (1986) a suggéré que la performance peut être mesurée par la capacité d'une entreprise à créer de la valeur pour les clients. Ainsi, diverses opinions et approches de recherche ont émergé au fil du temps, s'avérant extrêmement vastes en raison de leur évolution. Cependant, la plupart des études ont montré que dans l'économie moderne, les entités sont principalement dominées par la performance et la valeur.

Le début du 21e siècle a été marqué par l'idée que la performance se réfère uniquement à la création de valeur pour l'actionnaire. Cependant, la période allant de 2005 à aujourd'hui a permis de comprendre qu'une entreprise est considérée comme performante lorsque, outre les intérêts des actionnaires, elle poursuit également d'autres indicateurs spécifiques pour les parties prenantes, tels que la satisfaction des clients, l'opinion des employés et la protection de l'environnement (ESG).

Le document le plus utile pour analyser les résultats financiers d'une entité est le compte de résultat, qui peut être complété par diverses notes explicatives détaillant ces informations sur les performances de l'entreprise.

Le compte de profits et pertes ou le compte de résultat fournit une image claire de la relation entre les recettes et les dépenses, facilitant ainsi l'évaluation de la performance financière d'une entreprise sur une période donnée. Ce document fournit également des informations essentielles pour la prise de diverses décisions concernant les opérations de l'entreprise, en aidant la direction à identifier les domaines à améliorer et à mettre en œuvre certaines tactiques pour maximiser la rentabilité.

Enfin, le bénéfice ou la perte reflété dans le compte de résultat permet d'établir un lien clair avec le bilan, un autre document essentiel pour toute entreprise du secteur. Ainsi, le niveau des capitaux propres connaîtra une augmentation ou une diminution, ce qui constitue une excellente première indication pour les actionnaires en ce qui concerne leurs ressources.

L'analyse de la performance financière d'une entreprise peut être divisée en plusieurs catégories. Quel que soit le domaine d'activité de l'entreprise, il convient dans un premier temps de procéder à une analyse globale, dans laquelle l'évolution et les changements structurels de la performance seront mis en évidence et classés en fonction des recettes, des dépenses et des résultats, en se basant exclusivement sur les informations fournies par le compte de profits et pertes.

Ensuite, comme tous ces indicateurs peuvent être facilement comparés dans le temps, l'analyse de l'évolution de la performance financière complète cette approche, en montrant les augmentations ou les diminutions de la performance d'une année à l'autre, en utilisant des indices basés sur des chaînes comme principal outil de travail. En outre, pour une analyse plus détaillée des performances financières, une analyse structurelle de celles-ci est également nécessaire, ce qui permet d'identifier facilement la contribution de chaque activité au sein de l'entreprise analysée, ainsi que la mesure dans laquelle elles ont influencé positivement ou négativement les résultats d'un exercice financier.

Outre l'analyse du compte de résultat, les informations complémentaires suivantes peuvent être incluses pour une évaluation complète des performances financières d'une entreprise :

L'analyse des flux de trésorerie fournit une image claire de la liquidité de l'entreprise, en mettant en évidence sa capacité à générer des liquidités à partir des activités d'exploitation, d'investissement et de financement. Elle est essentielle pour comprendre comment l'entreprise finance ses opérations quotidiennes et gère ses ressources financières.

Indicateurs de rentabilité :

- Rendement des capitaux propres (ROE) et rendement des actifs (ROA) : ces indicateurs mesurent l'efficacité avec laquelle l'entreprise utilise ses ressources et ses actifs totaux pour générer des bénéfices.

- La marge bénéficiaire brute et la marge bénéficiaire nette reflètent la capacité de l'entreprise à convertir les recettes en bénéfices après déduction des coûts directs et totaux.

Analyse de la structure du capital :

- Ratio d'endettement : le rapport entre le total des dettes et les capitaux propres donne une idée de la structure financière de l'entreprise et des risques associés au financement par l'emprunt.

- Ratio de couverture des intérêts : ce ratio mesure la capacité de l'entreprise à couvrir ses charges d'intérêts à partir de son bénéfice d'exploitation, ce qui indique le risque de défaillance.

En ce qui concerne la structure de financement de l'entreprise analysée au cours de la période considérée, l'annexe 5 montre que Turism Felix S.A. a davantage recours à l'autofinancement qu'à l'emprunt.

Le premier graphique illustre le passif financier et les provisions de l'entreprise pour les années 2020 à 2022, y compris les dettes à court terme (moins d'un an), les dettes à long terme (plus d'un an), les provisions et les revenus différés. Les dettes à court terme constituent toujours la part la plus importante du passif et augmentent progressivement, reflétant une dépendance croissante à l'égard du financement à court terme. En revanche, les dettes à long terme diminuent légèrement en 2021 et restent stables en 2022, ce qui indique une approche prudente des emprunts à long terme. Les provisions sont minimes et stables, tandis que les revenus différés augmentent légèrement en 2022, ce qui suggère des obligations futures limitées mais croissantes.

Le second graphique met en évidence les capitaux propres de l'entreprise sur la même période, qui restent remarquablement stables sur les trois années. Cette constance des capitaux propres indique que l'entreprise équilibre efficacement ses finances, en maintenant une base de capital solide tout en gérant son passif. Dans l'ensemble, les graphiques montrent une entreprise qui gère soigneusement sa dette, avec une base de capitaux propres stable, ce qui indique une situation financière équilibrée et stable.

Cet aspect est certainement considéré comme favorable, car une entreprise qui prend de telles décisions est susceptible d'être "saine" financièrement, à la fois à court et à long terme. En outre, une analyse graphique des principales catégories de passifs est présentée dans les annexes.

Analyse des indicateurs de liquidité :

- Ratios courant et rapide : ces indicateurs montrent la capacité de l'entreprise à couvrir ses obligations à l'aide de ses actifs à court terme et de ses liquidités disponibles.

Analyse des indicateurs d'activité :

- Rotation des stocks, rotation des créances et rotation des dettes : elles reflètent l'efficacité avec laquelle l'entreprise gère ses stocks, ses créances et ses dettes, ce qui a un impact sur la liquidité et la rentabilité.

Analyse des risques financiers :

- L'identification et l'évaluation des risques financiers : cela comprend le risque de crédit, le risque de liquidité et le risque de marché, ainsi que la manière dont l'entreprise gère ces risques pour maintenir sa stabilité financière.

Dans la présente étude, nous nous concentrerons sur l'évolution du Return on Assets (ROA) qui, selon la littérature spécialisée, est souvent assimilé à la performance de l'entreprise. Enfin, nous analyserons en détail le risque de faillite de l'entreprise, en tenant compte du contexte sociodémographique de la période d'analyse.

"Étudiez le passé si vous voulez définir l'avenir.

- Confucius

Chapitre 2. Étude de cas d'une entreprise cotée à la bourse de Bucarest

2.1 Présentation de l'entreprise

A. Nom, siège, forme juridique et mode d'établissement

Avec des origines de l'eau thermale miraculeuse remontant à 1221, Turism Felix SA est situé dans le nord-ouest du pays, à 9 km de la ville d'Oradea, dans une région vallonnée avec des forêts de hêtres et de chênes, à une altitude de 140 mètres. Son siège se trouve dans le comté de Bihor, au 22 Victoria Street, Băile Felix. Créée le 15 octobre 1990, elle fonctionne comme une entité juridique, représentant une société anonyme conformément à la loi n° 31/1990. Le code unique d'enregistrement au registre du commerce est 108526, le numéro et la date d'enregistrement au registre du commerce étant J05/132/1991. Au début de l'année 2023, la société avait un capital social souscrit et libéré de 49 118 796,20 RON. Structure de l'actionnariat au 5 avril 2023 :

Nom du titulaire	Nombre d'exploitations	Pourcentage (%)
TRANSILVANIA INVESTMENTS ALLIANCE S.A. BRAȘOV	456.960.465	93.0317
Individus	28.875.467	5.8787
Entités légales	5.352.030	1.0896
Total	491.187.962	100

Tableau 1 Structure de l'actionnariat
Source : https://www.turismfelix.eu/pag_rapoarte/TUFE_Structura_actionariat_05042023.pdf

Avec un nombre de 4 504 actionnaires et une valeur nominale de 0,1 RON/action, la structure ci-dessus montre qu'ils détiennent au moins 10 % du capital social de la société.

B. Bref historique

La société a été structurée sur le modèle de l'ancien complexe hôtelier et de restauration (CHR). Pendant une longue période, à savoir entre 1997 et 2006, Turism

Felix a été présente sur le marché boursier RASDAQ, puis en 2007, elle a été cotée pour la première fois à la Bourse de Bucarest (BSE) sous le symbole TUFE. À peu près à la même période, plus précisément entre 1997 et 2005, le Fonds des biens de l'État (FPS) et l'Autorité pour l'administration des biens de l'État (APAPS) ont transféré l'ensemble des actions détenues dans le capital social de Turism Felix S.A. à SIF Transilvania et SIF Oltenia.

C. Activité commerciale

Turism Felix S.A. est spécialisée dans les services touristiques, les cures thermales et les activités récréatives, ce qui représente l'activité principale de l'entreprise selon le code CAEN 5510 - Hôtels et autres établissements d'hébergement similaires. En complément de son activité principale, Turism Felix exerce également des activités telles que la location de terrains et d'espaces pour diverses activités commerciales ou de services sur la base de contrats conclus avec des tiers ; la redistribution de services publics (eau froide, eau chaude, agent thermique) à des personnes physiques et morales à Băile Felix sur la base de contrats.

Dans le cadre de son activité principale, le tourisme thermal, Turism Felix S.A. propose des forfaits de services qui consistent généralement en un traitement thermal, un hébergement et des repas. Les forfaits de services proposés varient en fonction du public cible spécifique auquel ils s'adressent.

La station balnéaire de Băile Felix possède une variété impressionnante d'hôtels, chacun avec des caractéristiques distinctes, mais tous partagent le même engagement envers la qualité du service et le confort des clients. Il s'agit notamment de l'hôtel Internațional ****, de l'hôtel Termal ***, de l'hôtel Nufărul ***, de l'hôtel Poienița ***, de l'hôtel Mureș ***, ainsi que de trois piscines (Apollo, Felix et Venus) et du Club Dark.

L'entreprise dispose de 2 376 places d'hébergement, de 2 892 places de restauration publique et de cinq centres de traitement capables d'effectuer jusqu'à 8 300 procédures par jour. Il propose également des salles de conférence d'une capacité de 1 100 places, des installations récréatives comprenant des piscines et des piscines extérieures, un mini parc aquatique, des clubs, des terrains de sport, des salles de fitness, des centres de bien-être, etc.

En outre, Turism Felix détient une participation de 30,33 % dans le capital social de Turism Lotus Felix S.A., qui possède le seul complexe thermal cinq étoiles en Roumanie (Lotus Therm SPA & Luxury Resort), situé à Băile Felix et inauguré en octobre 2015.

Pour assurer les services médicaux, Turism Felix dispose de cinq centres de traitement (Internaţional, Termal, Poieniţa, Mureş et Unirea). Les procédures de traitement comprennent l'hydrothérapie, la kinésithérapie, la traction, l'électrothérapie, les inhalations d'aérosols, la thermothérapie, l'aromathérapie, la massothérapie, etc., selon les recommandations du médecin.

D. Marché et concurrence

En termes de concurrence, il est évident qu'en Roumanie, il existe de nombreuses stations touristiques principalement axées sur le segment thermal, les plus connues étant Băile Herculane, Sovata, Băile Olăneşti, Covasna, Vatra Dornei, Băile Tuşnad, Ocna Şugatag, Năvodari, Sângeorz Băi, Slănic Moldova, Mangalia, et Soveja. La base touristique de ces stations se compose principalement de complexes hôteliers construits avant 1989, dont certains ont fait l'objet d'investissements de modernisation suite à leur acquisition par divers investisseurs.

Turism Felix S.A. identifie SIND România, réorganisée en entreprise commune, comme son principal concurrent. Cette coentreprise comprend SC CSDR SIND Turism SRL et SC SIND Tour Trading SRL, des sociétés qui possèdent des actifs dans la station balnéaire. SC SIND România est reconnue comme l'une des entreprises les plus importantes de l'industrie du tourisme en Roumanie. Son portefeuille comprend environ 20 000 places d'hébergement, y compris des hôtels et des villas, principalement dans la catégorie deux étoiles, dont 10 % sont situés à Băile Felix. Toutefois, compte tenu du type de traitement offert par chaque station thermale, il n'y a pas de concurrence directe entre Turism Felix et ces stations, car chacune est spécialisée dans le traitement de maladies spécifiques.

Par conséquent, on ne peut parler de concurrence directe qu'au niveau local, dans la station de Băile Felix, en ciblant principalement le même segment de clients qui recherchent les propriétés curatives spécifiques de l'eau thermale de la station. Il convient de mentionner que l'entreprise est propriétaire des sources d'eau thermale de la station de Băile Felix en raison de leur concession par l'État pour une période de 20 ans.

Les principaux distributeurs de produits touristiques de base ont été : sur le marché intérieur, SC Transilvania Hotels & Travel SA Bucureşti s'est distingué comme le principal voyagiste, avec SC Exim Tour SRL, SC Sejur Perfect SRL, SC Bibi Touring SRL, SC International Turism & Trade SRL, SC Accent Travel & Events SRL, et SC Nova Travel SRL. Ces entreprises ont proposé des cures thermales aux assurés de la Maison nationale des pensions publiques et de la Caisse d'assurance maladie du comté de Bihor. Sur le marché international, les systèmes de réservation en ligne ont permis de réserver des services hôteliers pour des pays tels que l'Allemagne, Israël, l'Autriche, etc.

E. Activité de marketing

En termes de promotion, l'entreprise est surtout visible sur son site web officiel, où les clients peuvent facilement trouver toutes les informations nécessaires et choisir le service désiré. En outre, pour s'adapter aux exigences de la société moderne, elle est active sur diverses plateformes de médias sociaux, grâce auxquelles elle essaie d'être vue et entendue par tous les clients potentiels.

Parmi les slogans et les devises de la société balnéologique, nous trouvons l'accent sur les propriétés significatives de l'eau thermale. Il s'agit notamment de :

"Les Roumains ont ce qu'il faut pour guérir chez eux",

"L'eau apporte la guérison",

"La Roumanie a un patrimoine thermal séculaire",

"Nous avons, à nous seuls, apporté des récompenses internationales à la Roumanie pour l'industrie de la balnéothérapie et des SPA. Nous ne voulons pas les laisser prendre la poussière", etc.

La commercialisation des produits touristiques (à l'exclusion des contrats avec la Maison nationale des pensions publiques et les entreprises non touristiques) a également été assurée par Transilvania Hotels & Travel SA Bucarest, l'agence de voyagistes chargée de gérer les hébergements et les lieux de restauration publics du portefeuille touristique du SIF Transilvania, dont Turism Felix SA fait partie.

En ce qui concerne la redistribution de l'énergie thermique et le marché de l'eau thermale et domestique, elle cible à la fois les personnes morales et les personnes physiques à Băile Felix. Les réseaux de chauffage et d'eau de la société rendent la distribution captive. Parmi les principaux bénéficiaires figurent SC CSDR Sind Turism SRL, SC SIND Tour Trading SRL, SC Transilvania Tour SA et l'hôpital de rééducation de Băile Felix.

F. Responsabilité sociale

La responsabilité sociale des entreprises (RSE) est un concept par lequel les entreprises s'engagent à contribuer au bien-être social et au développement durable au-delà de la simple génération de profits. Il s'agit d'adopter un comportement éthique et transparent, en tenant compte de l'impact des activités de l'entreprise sur la communauté, l'environnement et les autres parties prenantes.

Grâce à ses politiques engagées concernant le système de gestion intégrée de la qualité, de l'environnement, de la santé et de la sécurité au travail, Turism Felix S.A. démontre l'importance de garantir un climat organisationnel où toutes les parties intéressées - employés, actionnaires, clients, fournisseurs, communauté et environnement - peuvent interagir de manière efficace et responsable, tant sur le plan économique que sur le plan social.

En ce qui concerne la responsabilité à l'égard des employés, l'entreprise se distingue en garantissant un environnement de travail adéquat et un salaire motivant, en offrant des possibilités de développement professionnel et personnel, en maintenant un dialogue continu avec les employés afin d'améliorer les processus et d'accroître les performances de l'organisation, en respectant la dignité humaine de chaque employé, ainsi que tous les droits qui découlent de ce statut.

Si l'on prend l'année 2020 comme référence, lorsque la pandémie de Covid-19 a éclaté, on peut dire que le secteur hôtelier a été fortement touché. Cependant, Turism Felix a pris une série de mesures importantes en matière de responsabilité sociale :

- élaborer et mettre en œuvre leurs propres instructions en matière de santé et de sécurité au travail pour prévenir et contrôler la contamination, former le personnel, fournir des équipements de protection spécifiques pour chaque lieu de travail et mettre à la disposition du personnel des produits biocides désinfectants.

- Effectuer un dépistage épidémiologique quotidien pour les employés avant de commencer à travailler.

- Élaboration de procédures de sécurité sanitaire pour prévenir et contrôler la contamination par le virus SARS-CoV-2 dans chaque secteur d'activité : hôtels, restaurants publics, cures thermales et loisirs.

- Placer des tapis imbibés de solutions désinfectantes à tous les points d'accès aux unités.

- Installer des distributeurs de désinfectants biocides pour les touristes dans toutes les zones d'accès et les espaces communs.

- Installation de protections en plexiglas dans les réceptions des hôtels et des centres de traitement.

- Marquer des lignes de démarcation physique et des couloirs de circulation dans les zones très fréquentées.

Les principales activités de protection de l'environnement ont été planifiées et organisées dans le but de prévenir la pollution, de réduire les risques d'incidents environnementaux sur les sites de l'entreprise et d'assurer la conformité avec les dispositions légales en vigueur. L'entreprise a conclu des contrats avec des prestataires de services agréés pour :

- Services de gestion des déchets non dangereux : ménagers, industriels et recyclables, en partenariat avec Eco Bihor SRL.

- Contrôle et décontamination des séparateurs de graisse et collecte des déchets générés par les points de travail avec Ecologic Solution Prod SRL.

- Collecte et destruction des déchets issus des activités médicales avec Ecobyo Impex SRL.

- Collecte et neutralisation de produits/sous-produits d'origine animale non destinés à la consommation humaine avec Alvi Serv SRL.

Promouvant les principes d'une entreprise responsable vis-à-vis de la communauté, Turism Felix S.A. s'implique dans la vie de la communauté par le biais d'activités de parrainage et de mécénat, en apportant une aide financière humanitaire et en participant en tant que partenaire à divers programmes sociaux menés au niveau de la communauté. Les domaines prioritaires dans lesquels l'entreprise a choisi de s'impliquer sont l'éducation, la santé, l'aide sociale, les actions humanitaires et l'environnement.

G. Gouvernement d'entreprise

Le gouvernement d'entreprise désigne les principes, les règles et les pratiques qui régissent la direction et le contrôle d'une entreprise. Il implique des structures de prise de décision, des relations entre les actionnaires et la direction, la transparence de l'information et la responsabilité des parties prenantes. Le gouvernement d'entreprise vise à garantir une gestion efficace et éthique, contribuant à la valeur et à la durabilité d'une entreprise.

Le directeur général est le plus haut responsable d'une entreprise. Il rend compte directement au conseil d'administration de l'entreprise et guide l'organisation vers la réalisation de ses objectifs à long terme, étant responsable de la réussite et de la croissance durable de l'entreprise. Dans un système unitaire, la société est gérée par un conseil d'administration, un organe de gestion collégial composé de cinq membres temporaires et révocables, qui peuvent être des personnes physiques et/ou morales. L'assemblée générale des actionnaires est l'organe directeur suprême de la société, qui décide de ses activités et établit et garantit ses politiques économiques et commerciales.

Le directeur est responsable de la mise en œuvre des décisions de l'assemblée générale des actionnaires, des décisions du conseil d'administration et de ses propres décisions, tout en veillant au respect des dispositions légales par la mise en œuvre de procédures internes.

La société organisera son activité d'audit interne par l'intermédiaire du comité d'audit, composé de trois membres, conformément aux dispositions légales en vigueur. À cette fin, elle fera appel aux services d'un auditeur, soit une personne physique, soit une personne morale, selon ce qu'elle jugera approprié.

Le Comité de Nomination et de Rémunération (ROF) est également composé de 3 membres dont l'activité essentielle est d'appliquer la politique de rémunération. Cette politique décrit l'approche formelle utilisée par Turism Felix S.A. pour déterminer la rémunération des administrateurs exécutifs avec des contrats de mandat et les membres de son conseil d'administration, en suivant les dispositions de la loi n ° 24/2017 sur les émetteurs d'instruments financiers et les opérations de marché, avec des modifications et des compléments ultérieurs.

Cette politique vise à fournir une vue d'ensemble transparente des principes et des méthodes de rémunération utilisés par l'entreprise pour attirer, retenir et motiver les meilleurs professionnels, définissant ainsi un système de gestion par objectifs.

La rémunération des membres du conseil d'administration se compose de deux éléments principaux : une rémunération fixe et une rémunération variable, conformément à la politique de rémunération de la société. La rémunération mensuelle fixe des membres du conseil d'administration est déterminée par la résolution de l'assemblée générale ordinaire des actionnaires (AGO) pour chaque exercice financier et n'est pas subordonnée à la réalisation de critères de performance. En revanche, la rémunération variable est une allocation supplémentaire versée par la société, qui tient compte des critères de performance qualitatifs et quantitatifs fixés par l'assemblée générale ordinaire des actionnaires qui a approuvé l'exercice de l'exercice précédent. L'O.G.M.S. approuve le montant maximum de la rémunération variable, qui ne peut excéder 7,5 % du bénéfice brut.

2.2 Analyse de l'évolution des performances financières

Pour analyser l'évolution de la performance financière de Turism Felix S.A., les informations du compte de résultat de l'entreprise sur une période de 3 ans seront utilisées pour délimiter chaque élément des revenus et des dépenses.

2021 VS 2020

Une première comparaison entre 2021 et 2020 permet d'observer les aspects importants suivants :

- D'une manière générale, sur l'ensemble de l'activité, on constate une forte augmentation du résultat brut (de 1573,38%), influencée par l'augmentation des recettes totales (I=158,8%) suite à l'année pandémique, à un rythme plus rapide que l'augmentation des dépenses totales (I=140,43%) au cours de la même année (2021).

- Parmi les deux catégories d'activités, l'obtention d'un tel résultat brut est principalement due à l'augmentation du résultat d'exploitation qui a été multiplié par huit (I=801,99%) par rapport à l'année précédente. En revanche, au niveau du résultat financier, on observe une diminution massive de la perte de 95,7% par rapport à 2020 (I=4,3%).

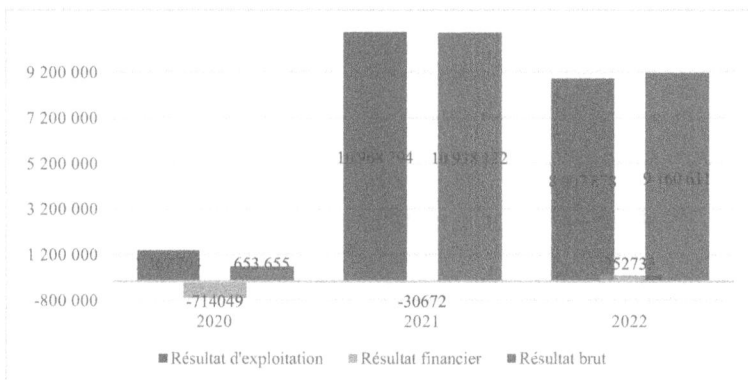

Graphique 1: Évolution des résultats par activité et résultat brut

Source : Traitement personnel basé sur le compte de profits et pertes de l'entreprise

The chart shows values with axis labels: 9 200 000, 7 200 000, 5 200 000, 3 200 000, 1 200 000, -800 000. Years 2020, 2021, 2022. Partially legible data values: -714049, 653 655, -30672, 5273. Legend: ■ Résultat d'exploitation ■ Résultat financier ■ Résultat brut

➕ Du point de vue des activités opérationnelles, le résultat brut de l'exercice a été influencé par une série de facteurs, tant positifs que négatifs, tels que

♦ Le chiffre d'affaires net a augmenté de 52,79% (I=152,79%) par rapport à l'année de référence, ce qui est confirmé par la croissance accélérée des ventes. Il s'agit de l'activité réelle prédominante, qui a augmenté de près de 54 % (I=153,97 %) en 2021. Dans le même temps, les recettes provenant de la vente de biens ont représenté un facteur positif important à cet égard, suivant également une tendance à la hausse, atteignant un niveau supérieur de 50,8 % (I=150,8 %), dépassant ainsi l'augmentation des dépenses en biens, qui ont enregistré une augmentation de seulement 39,04 % sur le site .

➢ Les recettes liées au coût de la production en cours affichent un solde créditeur environ 2 fois plus élevé (I=213,93%), ce qui reflète clairement que la production a considérablement stagné au cours de l'année pandémique 2020.

➢ En revanche, un premier aspect négatif concernant les recettes

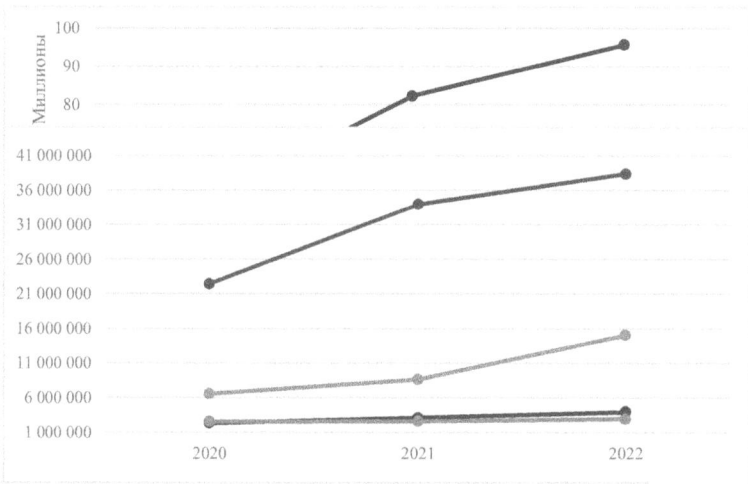

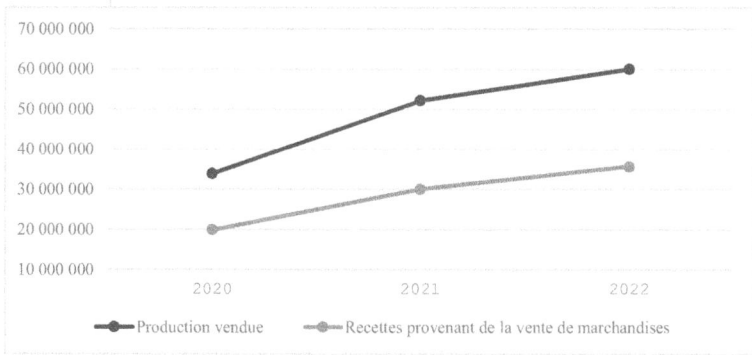

Graphique 2 Évolution des facteurs déterminants du chiffre d'affaires net

Source : Traitement personnel basé sur le compte de profits et pertes de l'entreprise

d'exploitation est la forte diminution de la production d'actifs fixes et d'investissements immobiliers, qui a chuté de pas moins de 80,06 % en 2021 (I=19,94 %).

+ Si l'on considère les dépenses d'exploitation, on constate que la plupart d'entre elles ont connu des augmentations, à l'exception des remises commerciales reçues, qui ont diminué de 69,16 % (I=169,16 %), et des autres dépenses liées à cette activité, qui ont diminué de 44,16 % (I=144,16 %) par rapport à 2020.

+ Un autre aspect important à mentionner est celui des dépenses pour les autres impôts, taxes et prélèvements similaires, ainsi que les dépenses de fonctionnement qui ont connu une légère augmentation de seulement 2,49% (I=102,49%). Ceci peut être considéré comme favorable compte tenu du pourcentage et du contexte de l'année analysée, qui est précisément l'année qui a suivi la crise pandémique.

+ Globalement, les ajustements à la valeur de l'actif circulant ont connu une augmentation extraordinaire d'environ 187 fois (I=18.729.56%), et les dépenses liées à ces ajustements ont également connu une augmentation massive de 2092.12% (I=2192.12%).

+ Les dépenses en matières premières et consommables ont eu une augmentation relativement normale compte tenu du contexte des années analysées (I=132,77%), mais les autres dépenses matérielles ont apporté à l'entreprise des augmentations de près de 4 fois (I=361,20%).

+ Les dépenses pour les salaires et les indemnités, ainsi que les dépenses liées à l'assurance et à la protection sociale, qui forment ensemble les dépenses totales de personnel, ont augmenté de plus de 50 % (I=151,44 %) en 2021. Cette augmentation est probablement due au retour au travail des employés et aux nouvelles réglementations salariales et fiscales qui ont suivi la pandémie.

+ En ce qui concerne l'activité financière, bien que les revenus financiers aient

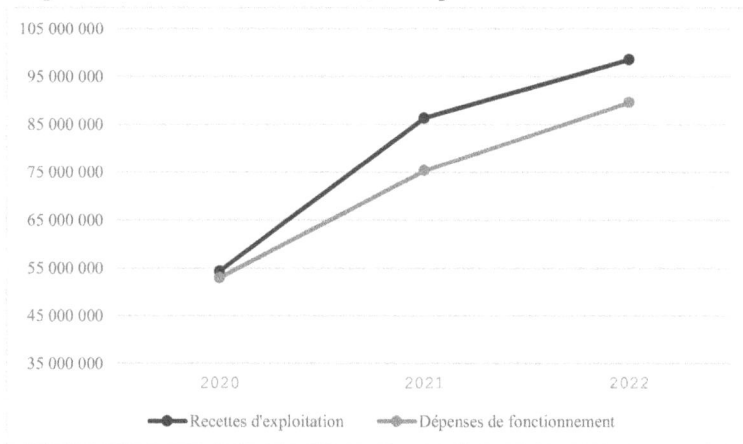

Graphique 5 Total des produits d'exploitation et total des charges d'exploitation
Source : Traitement personnel basé sur le compte de résultat de l'entreprise

augmenté de 32,88% (I=132,88%) et que les dépenses financières aient diminué de 68,25% (I=31,75%), ces aspects ont tout de même conduit à une perte pour Turism Felix S.A. Cependant, cette perte a été réduite de manière significative de 95,7% par rapport à l'année précédente.

> Les aspects positifs les plus importants concernent les revenus d'intérêts, qui ont augmenté rapidement d'environ 4,5 fois (I=455,69%) par rapport à l'année de référence, tandis que les dépenses liées aux opérations sur titres et autres instruments financiers ont diminué d'environ 65% (I=35,29%). Les autres frais financiers ont connu la réduction la plus importante, de pas moins de 93,35 % (I=6,65 %).

➢ En outre, dans cette activité de la société, des facteurs défavorables ont conduit au maintien de la perte financière. Les revenus des investissements financiers à court terme ont diminué de près d'un tiers, passant d'une valeur brute d'environ 120 000 RON (33,99 %).

➢ De même, les recettes provenant des différences de change ont suivi une tendance à la baisse d'environ 10 % par rapport à 2020.

➢ Compte tenu des politiques post-pandémiques des banques, les charges d'intérêt ont également joué un rôle important dans les frais financiers, enregistrant une augmentation de 26,08% (I=126,08%).

2022 vs 2021

➕ Bien que Turism Felix S.A. ait enregistré un bénéfice brut considérable en 2021, celui-ci a diminué de près de deux millions de lei l'année suivante, passant de 10 938 122 lei à 9 160 611 lei, ce qui représente une baisse de 16,25 % (I=83,75 %). Cette diminution est principalement due à l'augmentation des dépenses totales (118,85 %), qui ont augmenté légèrement plus vite que les recettes totales (114,42 %).

➕ En outre, la réalisation de ce résultat brut a été influencée par une réduction des activités opérationnelles de pas moins de 18,79% (I=81,21%). Bien que l'activité financière ait enregistré un bénéfice pour la première fois au cours des trois années analysées, elle n'a pas influencé de manière significative le bénéfice brut de 2022.

➕ Comme indiqué précédemment, l'activité d'exploitation est le principal déterminant de la baisse des résultats bruts en 2022, et se caractérise par

➢ Tout d'abord, le chiffre d'affaires net a atteint une valeur brute supérieure à celle de l'année précédente, mais sa croissance n'a été que de 16,34% (I=116,34%), un rythme beaucoup plus lent par rapport à l'analyse des années précédentes.

➢ L'activité prédominante, à savoir la production vendue, affiche une augmentation moindre par rapport à l'année précédente (I=114,99%), tandis que la croissance des revenus provenant de la vente de marchandises de 18,67% (I=118,67%) par rapport à 2021 a été dépassée par l'augmentation des dépenses de marchandises de 23,53% (I=123,53%).

➤ En outre, les recettes liées au coût de la production en cours continuent d'afficher un solde créditeur, mais au lieu de doubler par rapport à 2021, elles ont augmenté d'environ 55 % (I=155,09 %).

➤ Par rapport aux années précédentes, la société n'enregistre plus de revenus provenant de la production d'actifs fixes et d'investissements immobiliers. Les facteurs les plus préjudiciables en termes de revenus ont été les subventions d'exploitation, qui ont diminué de 24 %, et les autres revenus d'exploitation, qui ont connu une forte baisse de 75,34 % (d'une valeur brute de 610 400 RON à 150 553 RON).

➤ Parmi les catégories de dépenses d'exploitation, plusieurs augmentations significatives peuvent être observées. Notamment, les remises commerciales reçues, qui avaient connu une baisse significative les années précédentes, ont connu une augmentation très importante pour l'entreprise, presque 1,4 fois par rapport à 2021.

➤ En outre, les dépenses externes pour l'énergie et l'eau ont augmenté très fortement, atteignant une valeur brute de 15 068 366 RON (environ 75 % de plus que l'année précédente). Cette augmentation pourrait être attribuée au déclenchement de la guerre entre la Russie et l'Ukraine près de la frontière roumaine au début de l'année 2022.

➤ Les dépenses pour les autres impôts, droits et taxes similaires ont connu une augmentation significative, ce qui peut être considéré comme un aspect négatif, car elles n'avaient augmenté que de 2,49% en 2021, mais en 2022, elles ont augmenté de 11,48% (I=111,48%).

➤ Dans le même ordre d'idées, les autres dépenses d'exploitation ont fluctué entre 280 912 RON et 173 522 RON, et après une diminution de près de 45 % enregistrée en 2021, elles ont de nouveau augmenté de 10,63 % (I=110,63 %) en 2022.

➤ Cependant, l'activité opérationnelle a également connu des aspects favorables, notamment une légère diminution des ajustements de valeur pour les actifs fixes de 1,66% (I=98,34%), des ajustements de valeur pour les actifs courants atteignant un seuil négatif de -5.487 RON, et des ajustements pour les provisions passant de 838.426 RON à 321.097 RON, ce qui représente une diminution de 61,70% (I=38,3%).

✦ Du point de vue de l'activité financière, au niveau mondial, on peut observer que les revenus financiers ont doublé (I=212,8%) par rapport à 2021, tandis que les dépenses financières ont connu une légère augmentation de seulement 2,47% (I=102,47%).

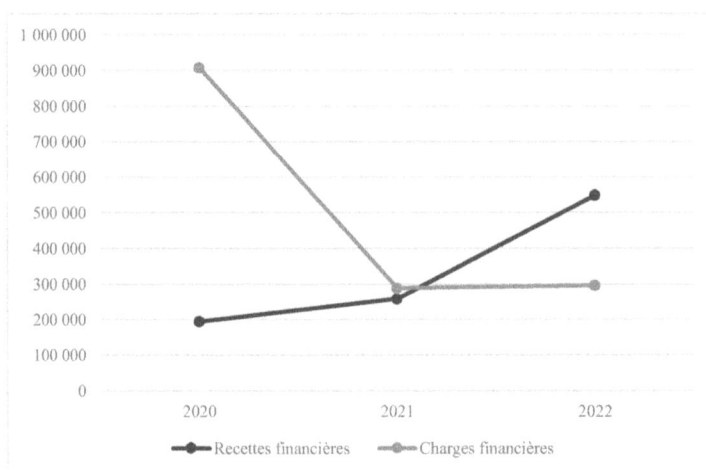

Graphique 6 Total des produits financiers vs. Total des charges financières
Source : Traitement personnel basé sur le compte de résultat de l'entreprise

➤ Parmi les revenus provenant des différences de change, après une légère diminution en 2021 par rapport à 2020, on observe une augmentation significative de 46,41 %, très probablement due à la guerre en Ukraine, qui a entraîné une dépréciation de la monnaie nationale par rapport aux monnaies étrangères.

➢ Les revenus d'intérêts ont poursuivi leur tendance à la hausse, passant de 15 097 RON en 2021 à 90 718 RON l'année suivante, ce qui équivaut à une augmentation de pas moins de 6 fois (I=600,9 %).

➢ Les revenus des placements financiers à court terme ont triplé en 2022 par rapport à l'année précédente (I=319,05%), ce qui est extrêmement positif, étant donné qu'ils avaient connu une baisse significative en 2021.

➢ En outre, les autres revenus financiers ont augmenté d'environ 70 % (169,58 %) par rapport à 2021, passant d'une valeur brute de 138 211 RON à 234 383 RON.

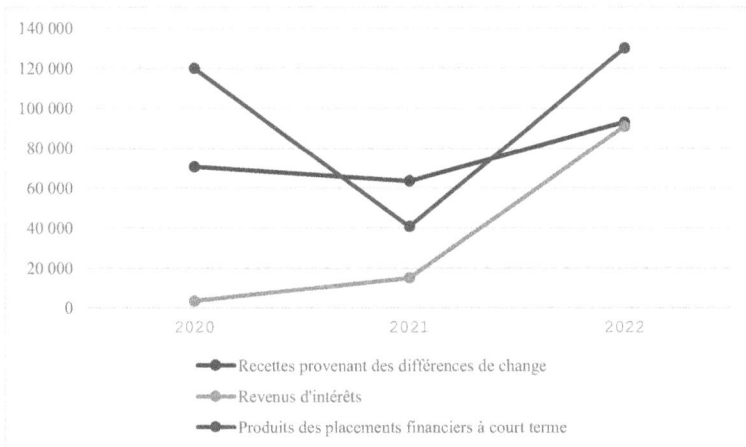

Graphique 7 Évolution des principales recettes financières

Source : Traitement personnel basé sur le compte de profits et pertes de l'entreprise

➢ Parmi les charges financières, les coûts liés aux opérations sur titres et autres instruments financiers ont diminué de manière continue tout au long de la période d'analyse, pour atteindre seulement 155 924 RON en 2022, tandis que les charges d'intérêt continuent d'augmenter

(ICHD=132,95 %), mais à un rythme beaucoup plus lent que celui des revenus.

> L'augmentation la plus significative a été observée dans les autres charges financières qui, après une forte baisse de plus de 90%, ont été multipliées par 5,75 (IACF=575,54%) au cours de la dernière année d'analyse.

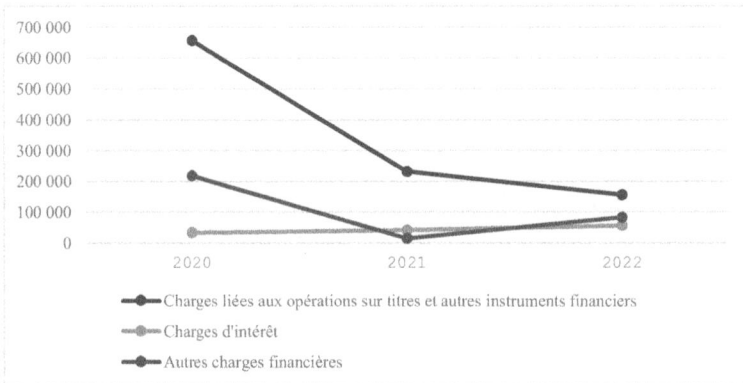

Graphique 8 Évolution des principales charges financières

Source : Traitement personnel basé sur le compte de profits et pertes de l'entreprise

"L'efficacité, c'est faire les choses correctement ; l'efficience, c'est faire les choses correctement.

- Peter Drucker

Chapitre 3. Rendement des actifs (ROA) : Évolution et facteurs déterminants pour la période 2020-2022

Le rendement des actifs (ROA) est un indicateur financier essentiel utilisé pour mesurer l'efficacité avec laquelle une entreprise utilise ses actifs pour générer des bénéfices. Calculé comme le rapport entre le bénéfice net et le total des actifs, le ROA donne une image claire de la capacité d'une entreprise à transformer ses investissements en bénéfices.

Le ROA est un indicateur clé de la performance financière utilisé par les investisseurs et les analystes pour évaluer l'efficacité opérationnelle d'une entreprise. Un ROA élevé indique que la direction de l'entreprise peut utiliser efficacement ses actifs pour générer des bénéfices, ce qui peut attirer les investisseurs et accroître leur confiance dans l'entreprise.

À l'aide de l'annexe 4, nous pouvons affirmer que la structure des actifs influence de manière significative le ROA, car la composition des actifs (courants ou fixes) affecte l'efficacité de l'utilisation des ressources. Des actifs fixes importants peuvent initialement réduire le ROA, mais à long terme, ils apportent des avantages s'ils sont gérés efficacement. Le secteur d'activité est un autre facteur crucial, avec des différences notables dans les niveaux de ROA entre les secteurs à forte intensité de capital, tels que l'industrie manufacturière, et les secteurs à moindre intensité de capital, tels que les services.

Les actifs sont les ressources économiques contrôlées par une entreprise, essentielles à son fonctionnement. Ils sont généralement divisés en actifs fixes, comme les bâtiments et les équipements, qui sont des investissements à long terme, et en actifs circulants, comme les liquidités et les stocks, qui devraient être convertis en liquidités ou utilisés dans l'année.

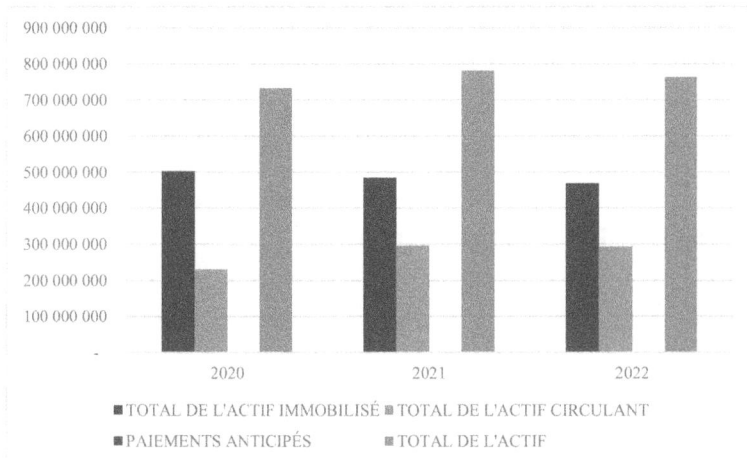

Graphique 9 Évolution des actifs de l'entreprise
Source : Traitement personnel basé sur le bilan de l'entreprise

Le graphique illustre l'évolution du total des actifs fixes, du total des actifs circulants, des paiements anticipés et du total des actifs d'une entreprise au cours des années 2020, 2021 et 2022. Tout au long de cette période, on observe une augmentation notable de l'actif total, principalement due à la croissance de l'actif fixe total, qui augmente régulièrement chaque année. En revanche, le total de l'actif circulant diminue légèrement entre 2020 et 2021 et reste stable en 2022. Les paiements anticipés, bien que présents, semblent être minimes et n'ont pas d'impact significatif sur la structure globale de l'actif. La tendance générale suggère une concentration sur les investissements à long terme, comme l'indique l'augmentation des actifs immobilisés, tout en maintenant un niveau stable d'actifs circulants. Cet équilibre reflète une approche stratégique de la gestion des actifs visant à soutenir la croissance.

Les autres installations, le matériel et le mobilier représentent toujours la plus grande partie du total des actifs fixes, ce qui souligne l'investissement substantiel de l'entreprise dans l'infrastructure opérationnelle essentielle. Les installations techniques et les machines, bien qu'en légère baisse au fil des ans, restent une composante importante, soulignant la dépendance de l'entreprise à l'égard des machines. Les terrains et bâtiments conservent des valeurs stables, soulignant l'importance de l'immobilier dans le portefeuille d'actifs. Les immobilisations corporelles en cours affichent des valeurs minimales, ce qui indique que les projets sont à un stade précoce ou que l'accent a été mis sur les nouveaux développements au cours de ces années. Dans l'ensemble, la stabilité du total des actifs immobilisés avec des fluctuations mineures suggère une stratégie d'investissement équilibrée et cohérente, avec un accent particulier sur le maintien et l'équipement des actifs opérationnels de base.

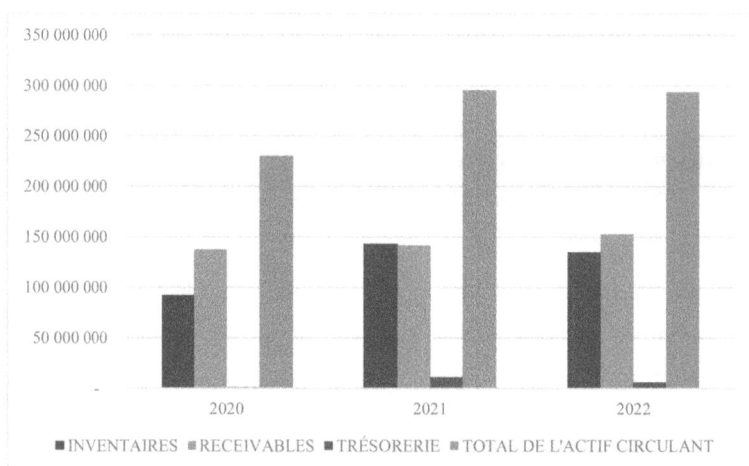

Graphique 10 Évolution de l'actif circulant

Source : Traitement personnel basé sur le bilan de l'entreprise

Le graphique illustre l'évolution de l'actif circulant de l'entreprise - stocks, créances, trésorerie. Les stocks et les créances augmentent tous deux, les stocks augmentant progressivement chaque année et les créances augmentant fortement en 2021 avant de se stabiliser en 2022. La trésorerie, qui reflète les liquidités et les équivalents de liquidités, reste constamment basse, ce qui suggère que l'entreprise préfère conserver des réserves de liquidités minimales. En conséquence de ces tendances, le total de l'actif circulant affiche une trajectoire ascendante constante, ce qui indique que l'entreprise se concentre stratégiquement sur l'amélioration de ses ressources opérationnelles en augmentant ses stocks et ses créances, , tout en conservant une approche prudente de la gestion de la trésorerie.

Les créances commerciales représentent toujours la majorité des créances totales, avec une augmentation progressive entre 2020 et 2022. Les autres créances, bien que

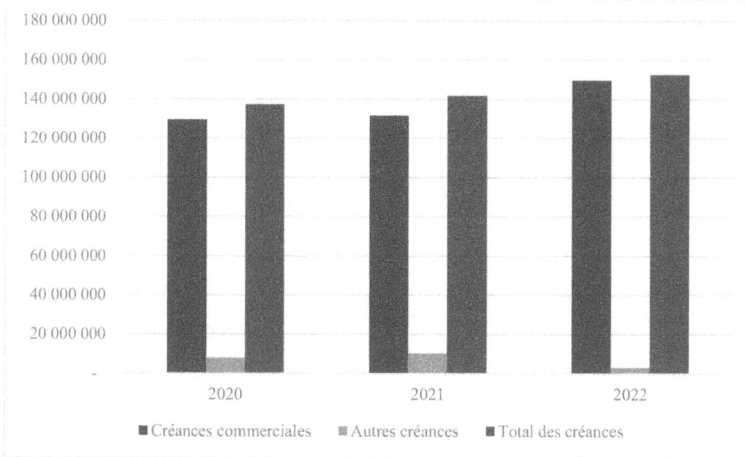

Graphique 11 Évolution des créances de l'entreprise
Source : Traitement personnel basé sur le bilan de l'entreprise

présentes, ne représentent qu'une petite partie de l'ensemble des créances et restent relativement stables au cours des trois années. Par conséquent, le total des créances affiche une tendance régulière à la hausse, principalement due à l'augmentation des créances commerciales. Ce schéma suggère que la croissance des créances de l'entreprise est largement due à ses activités principales, avec des changements limités dans les créances non commerciales.

Le cycle économique joue un rôle essentiel, car les conditions économiques générales peuvent affecter le ROA. En période de récession, les entreprises peuvent voir leur ROA diminuer en raison d'une baisse de la demande et des revenus. La gestion des coûts est essentielle pour déterminer le ROA, car un contrôle efficace des coûts opérationnels peut améliorer de manière significative cet indicateur, reflétant une utilisation optimale des ressources pour générer des bénéfices.

Aspect	Similitudes	Différences
Priorité à l'investissement	Les actifs fixes et les actifs circulants sont essentiels au fonctionnement et à la croissance de l'entreprise.	Les actifs fixes se concentrent sur l'infrastructure à long terme, tandis que les actifs circulants répondent aux besoins opérationnels à court terme.
Stabilité des actifs	Ces deux types d'actifs contribuent à la stabilité globale des actifs et à la santé financière.	L'actif immobilisé affiche une croissance constante, tandis que l'actif circulant connaît quelques fluctuations et se stabilise au fil du temps.
Contribution à l'actif total	Ces deux types d'actifs jouent un rôle dans la structure globale des actifs de l'entreprise.	Les actifs fixes, en particulier les autres installations, le matériel et le mobilier, représentent la plus grande partie de l'actif total, tandis que les actifs circulants sont plus diversifiés et comprennent les stocks et les créances.
Stratégie de gestion	Tous deux nécessitent une gestion stratégique afin d'optimiser leur contribution au succès de l'entreprise.	Les actifs fixes nécessitent des investissements et une planification à long terme, tandis que les actifs circulants requièrent une gestion efficace à court

		terme et le maintien des liquidités.
Impact de la conjoncture économique	Tous deux sont influencés par les cycles économiques, qui peuvent affecter les performances globales de l'entreprise.	Les actifs fixes sont plus résistants aux changements économiques à court terme, tandis que les actifs courants, en particulier les créances, sont plus sensibles aux fluctuations économiques.
Modèles de croissance	Les deux actifs ont connu une croissance au cours de la période analysée.	L'actif immobilisé a augmenté régulièrement chaque année, tandis que l'actif circulant, en particulier les créances, a connu une forte augmentation puis une stabilisation.
Rôle dans les ratios financiers	Tous deux ont un impact sur les ratios financiers tels que le ROA (Return on Assets).	Une gestion efficace des coûts et l'utilisation des actifs ont un impact plus direct sur le ROA, en particulier par le biais des actifs circulants.

Tableau 2 Similitudes et différences entre l'actif immobilisé et l'actif circulant

Source : Traitement des données personnelles

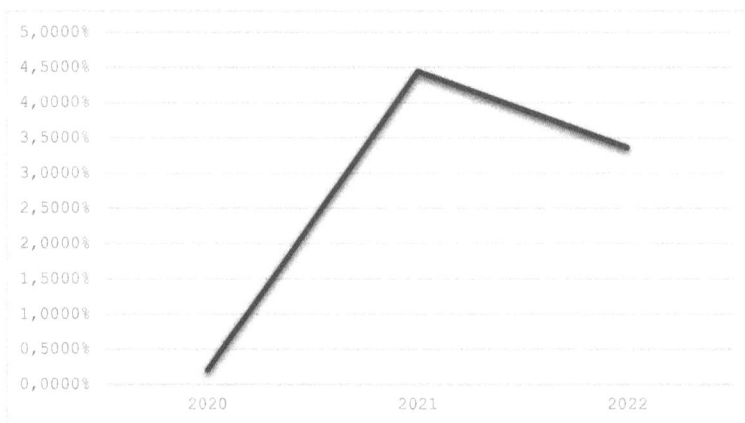

Graphique 12 Évolution du ROA au cours de la période analysée
Source : Traitement personnel basé sur l'annexe 4

Le graphique du ROA (Return on Assets) de Turism Felix S.A. montre une évolution significative de la rentabilité des actifs sur la période 2020-2022.

En 2020, le ROA était très faible, proche de 0 %, ce qui indique de grandes difficultés à générer des bénéfices à partir des actifs. Il s'agit très probablement d'une conséquence directe de la pandémie de Covid-19, qui a gravement affecté le secteur du tourisme et entraîné une baisse des recettes.

En 2021, le ROA a connu une augmentation spectaculaire, atteignant environ 4,5 %. Cette croissance significative témoigne d'une reprise vigoureuse après la pandémie et d'une meilleure efficacité dans l'utilisation des actifs pour générer des bénéfices. Des mesures de gestion efficaces et l'optimisation des ressources internes ont joué un rôle important dans cette reprise.

En 2022, le rendement des capitaux propres a légèrement diminué pour atteindre environ 3,5 %, mais il est resté considérablement plus élevé qu'en 2020. Cette baisse peut refléter l'augmentation des dépenses opérationnelles et l'impact de facteurs externes, tels que la hausse des coûts de l'énergie due à la guerre en Ukraine. Cependant, le maintien d'un ROA élevé indique une rentabilité continue et la capacité de l'entreprise à s'adapter aux défis extérieurs.

"Dans le monde des affaires, la faillite est simplement un bouton de réinitialisation, et non une fin de partie.

т

Chapitre 4. Modèle de détection du risque de faillite - Z-Score d'Altman

D'après (Achim & Borlea, 2012)la Roumanie dispose de deux approches principales pour analyser le risque de faillite : la loi sur les faillites et la loi sur l'insolvabilité. La loi sur l'insolvabilité, mise en œuvre en 2006 après l'adhésion de la Roumanie à l'Union européenne, a été introduite pour remplacer la loi sur la faillite, en fournissant un cadre juridique plus clair et plus accessible aux agents économiques. Le risque d'insolvabilité fait référence à l'incapacité potentielle d'une entité à faire face à ses obligations financières actuelles ou passées, qui sont essentielles à la continuité de ses activités. Le processus d'insolvabilité est suivi d'une procédure de réorganisation supervisée par un tribunal et, si la stabilité n'est pas rétablie dans les 60 jours, l'entité entre dans une procédure de faillite. Dans ce contexte, le risque de faillite reflète l'incapacité potentielle à honorer les engagements existants, ce qui peut avoir un impact significatif sur les activités en cours.

La méthode du Z-score est la méthode d'évaluation du risque de faillite la plus couramment utilisée, reconnue dans la littérature spécialisée et fréquemment appliquée dans diverses études académiques. Cette méthode résulte d'une formule mathématique et statistique qui utilise différents indicateurs financiers, pondérés avec certaines probabilités :

$$Z = 1,2X1 + 1,4X2 + 3,3X3 + 0,6X4 + 0,999X5$$

X1 = Fonds de roulement / Actif total

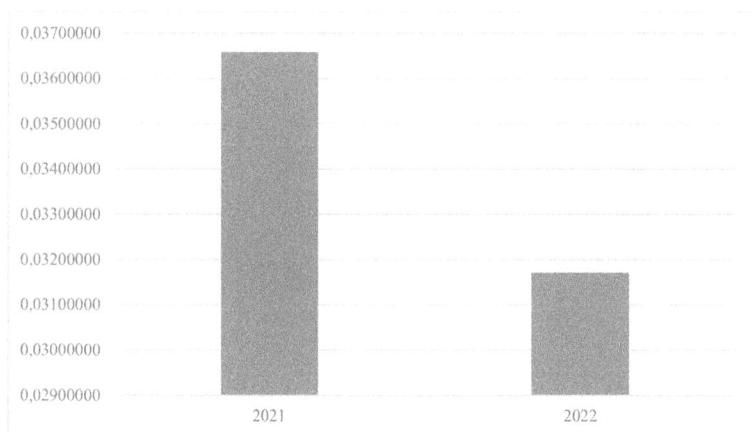

Graphique 13 Premier indicateur du modèle Altman
Source : Traitement personnel basé sur l'annexe 3

X2 = Bénéfices non distribués / Total des actifs

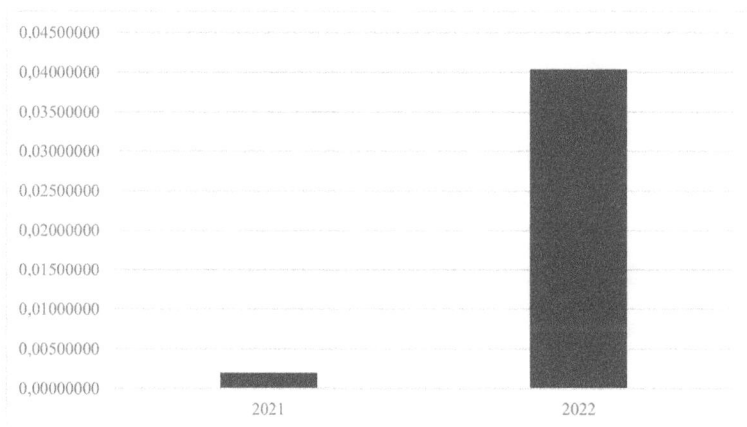

Graphique 14 Deuxième indicateur du modèle Altman
Source : Traitement personnel basé sur l'annexe 3

X3 = EBIT / Total des actifs

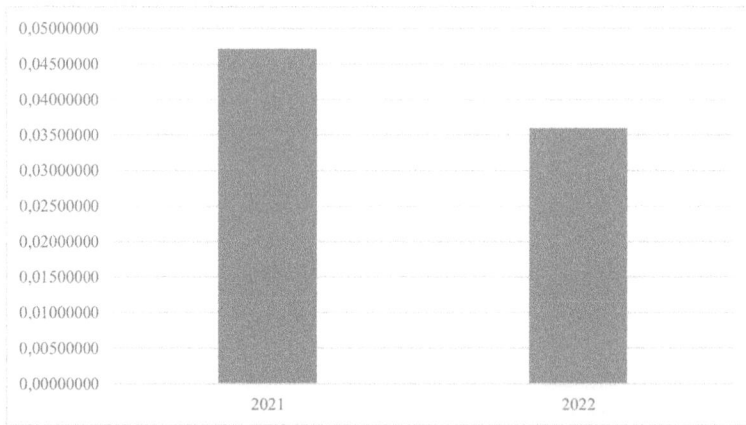

Graphique 15 Troisième indicateur du modèle Altman

Source : Traitement personnel basé sur l'annexe 3

X4 = Valeur de marché des capitaux propres / Valeur comptable du passif total

X5 = Chiffre d'affaires / Actif total

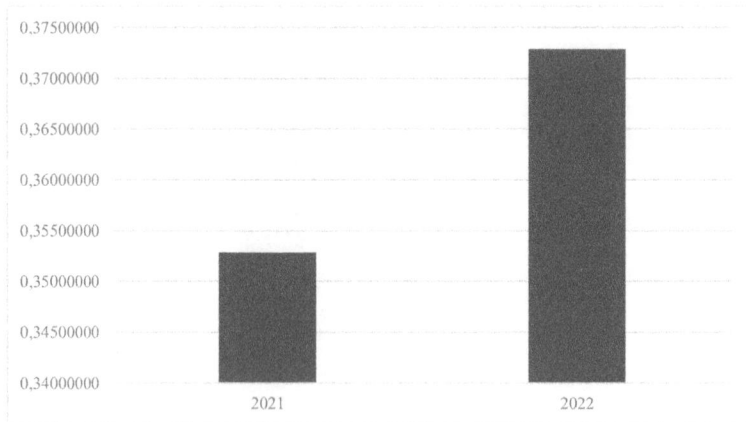

Graphique 16 Quatrième indicateur du modèle Altman

Source : Traitement personnel basé sur l'annexe 3

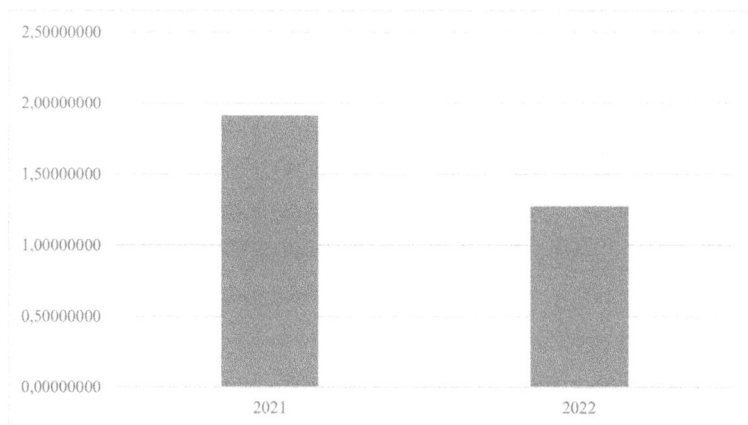

Graphique 17 Cinquième indicateur du modèle Altman
Source : Traitement personnel basé sur l'annexe 3

Le score Z a été initialement développé par le professeur Edward Altman en 1977 pour évaluer le risque de faillite des entreprises de l'industrie américaine.

À l'époque, elle a réussi à prédire plusieurs années à l'avance certaines des plus grandes faillites mondiales. Au fil du temps, la méthodologie a évolué, étant adaptée et appliquée dans divers secteurs et pour différents types d'entreprises.

Par conséquent, d'autres modèles basés sur ce score initialement développé ont été construits et mieux adaptés à chaque pays spécifique, y compris dans le contexte de l'économie roumaine .

2021 vs. 2020

Selon l'annexe 3, en 2021, le score Z-Altman de l'entreprise était de 1,70082223, ce qui indique une situation financière vulnérable et un risque élevé de faillite. Par rapport à 2020, ce score reflète une légère amélioration des performances financières de l'entreprise. Cette amélioration peut être attribuée à une gestion plus efficace des actifs et à une augmentation de la capacité d'autofinancement. Cependant, le maintien d'un score Z inférieur au seuil de 1,8 souligne que l'entreprise reste confrontée à des risques d'insolvabilité importants. Cette situation nécessite la mise en œuvre de mesures stratégiques pour améliorer la flexibilité financière et réduire le niveau d'endettement.

2022 vs. 2021

En 2022, le score Z-Altman est passé à 1,3491839, ce qui indique une détérioration de la situation financière de l'entreprise et un risque accru de faillite. Malgré des améliorations notables de la capacité d'autofinancement et du rendement des actifs, la baisse globale du score Z suggère que l'entreprise est confrontée à des difficultés plus importantes pour maintenir sa stabilité financière. Cette baisse peut être attribuée à l'augmentation des coûts opérationnels et à la diminution de la rentabilité économique. La situation financière précaire souligne la nécessité de prendre des mesures urgentes pour stabiliser les performances financières, telles que l'optimisation des coûts et l'amélioration de la gestion de la dette.

En conclusion, l'analyse du score Z-Altman de Turism Felix S.A. entre 2020 et 2022 souligne la nécessité de prendre des mesures stratégiques pour améliorer la stabilité financière et réduire le risque de faillite. Malgré quelques améliorations spécifiques, la détérioration du score Z en 2022 suggère que l'entreprise doit réévaluer ses stratégies de gestion des actifs et d'optimisation des coûts pour assurer la continuité et la croissance à long terme.

Comme nous l'avons déjà vu, le taux de fonds de roulement est un élément substantiel du Z-Score, qui est inclus dans X1.

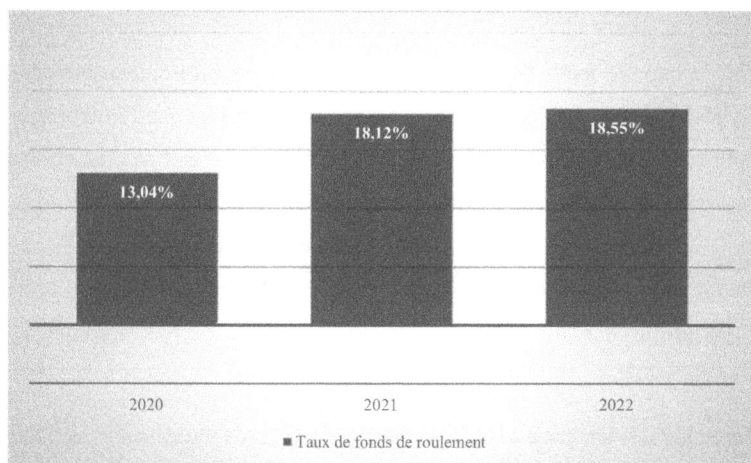

Graphique 18 Évolution du taux de fonds de roulement

Source : Traitement personnel

Le graphique illustre la progression du taux de fonds de roulement de l'entreprise de 2020 à 2022. Le taux de fonds de roulement mesure la capacité de l'entreprise à gérer ses actifs et ses passifs à court terme, ce qui indique sa liquidité et son efficacité opérationnelle.

En 2020, le taux de fonds de roulement était de 13,04 %, ce qui suggère que l'entreprise disposait d'une marge plus étroite pour couvrir ses obligations à court terme, ce qui pourrait avoir limité sa flexibilité financière. Ce taux relativement plus faible pourrait être dû à des dettes à court terme plus élevées ou à des niveaux plus faibles d'actifs à court terme tels que les liquidités et les créances.

En 2021, le taux de fonds de roulement a augmenté de manière significative pour atteindre 18,12 %. Cette amélioration reflète probablement les efforts de l'entreprise pour renforcer son bilan, éventuellement en augmentant les actifs à court terme tels que les stocks ou les créances, ou en réduisant les dettes à court terme. Ce changement indique une position de liquidité plus solide, donnant à l'entreprise une plus grande flexibilité dans la gestion des opérations quotidiennes et la réponse aux demandes financières.

En 2022, le taux de fonds de roulement a légèrement augmenté pour atteindre 18,55%. La stabilité et la légère augmentation de ce taux suggèrent que l'entreprise a continué à optimiser sa gestion du fonds de roulement. Cela pourrait être dû à des efforts soutenus pour gérer plus efficacement les créances et les dettes, ou pour renforcer davantage sa base d'actifs à court terme. L'augmentation progressive au cours de ces années reflète l'attention constante portée par la société à l'amélioration de ses liquidités, afin de s'assurer qu'elle peut faire face à ses obligations à court terme tout en soutenant ses besoins opérationnels.

Dans l'ensemble, la tendance à la hausse du taux de fonds de roulement entre 2020 et 2022 indique une évolution positive de la santé financière de l'entreprise, car elle renforce sa capacité à gérer les défis financiers à court terme et à maintenir la stabilité opérationnelle.

De même, l'EBIT joue un rôle dans ce modèle et, grâce à lui, une entreprise peut prouver ou prendre des mesures pour prévenir le risque de faillite.

L'annexe 6 présente différents indicateurs financiers pour les années 2020, 2021 et 2022, mais nous nous intéresserons plus particulièrement à l'évolution de l'EBIT (Earnings Before Interest and Taxes).

L'EBIT affiche une nette tendance à la hausse sur les trois années, ce qui reflète l'amélioration de l'efficacité opérationnelle et de la rentabilité de l'entreprise. En 2020, l'EBIT était relativement faible, ce qui indique que l'entreprise a pu être confrontée à des difficultés ou à des coûts d'exploitation plus élevés au cours de cette période. Toutefois, en 2021, l'EBIT augmente sensiblement, ce qui suggère une amélioration significative de la performance opérationnelle, probablement due à des mesures de réduction des coûts, à une augmentation des recettes, ou aux deux. Cette tendance positive se poursuit en 2022, bien que le taux de croissance soit légèrement inférieur à celui de l'année précédente, ce qui pourrait indiquer que si l'entreprise continue d'améliorer ses opérations, le taux de croissance se stabilise.

L'augmentation constante de l'EBIT au cours de ces années souligne la capacité croissante de l'entreprise à générer des bénéfices, même au cours de ces années de pandémie, suivies de la guerre entre les deux pays, la Russie et l'Ukraine, à partir de ses activités de base, avant prise en compte des intérêts et des impôts, ce qui témoigne d'une gestion opérationnelle et d'une santé financière solides.

Analyse SWOT et propositions finales

La méthode SWOT est la méthode de diagnostic d'une organisation la plus utilisée dans le monde.

Les deux premières composantes (forces et faiblesses) se rapportent à l'environnement interne de l'entité économique et reflètent sa situation. Les deux composantes suivantes (opportunités et menaces) se rapportent à l'environnement externe et reflètent l'impact de cet environnement sur les activités de l'entité économique. (Achim & Borlea, 2020)

Sur la base des données fournies par le compte de résultat et de l'analyse de l'évolution de la performance financière, l'analyse SWOT de Turism Felix S.A. peut être structurée comme suit :

Points forts :

- L'entreprise, qui compte parmi les plus importantes du secteur touristique, est spécialisée dans le traitement de l'eau thermale et possède une grande expérience sur ce marché.

- Une structure de gouvernance professionnelle lui confère une solide réputation dans le secteur.

- Le résultat brut a enregistré une croissance impressionnante sur l'ensemble de la période analysée, ce qui témoigne d'une performance financière remarquable.

- Le chiffre d'affaires net a augmenté de plus de 50 % en 2021, reflétant l'expansion des activités de l'entreprise après la crise pandémique.

- La production vendue, qui est l'activité prédominante, a également augmenté de plus de la moitié, ce qui indique une demande importante pour les services de l'entreprise.

- Les recettes provenant de la vente de marchandises ont augmenté davantage que les coûts liés aux marchandises, ce qui témoigne de l'efficacité opérationnelle et de la capacité de l'entreprise à répondre aux demandes et aux préférences des clients.

- La réduction des autres dépenses d'exploitation a eu une influence positive, conduisant à un résultat d'exploitation beaucoup plus important qu'au début de notre période d'analyse.

- Sources de revenus diversifiées : l'entreprise dispose d'une gamme variée de sources de revenus, ce qui réduit le risque lié à la dépendance à l'égard d'une seule source de revenus.

- L'accent a été mis davantage sur l'activité financière, l'entreprise réduisant progressivement sa perte et enregistrant même un bénéfice sur cette activité en 2022.

Faiblesses :

- Dépendance à l'égard de l'environnement économique : L'industrie du tourisme peut être sensible aux changements économiques et les fluctuations de la demande peuvent affecter les résultats financiers de l'entreprise.

- L'entreprise a connu une baisse significative de la production d'immobilisations et d'investissements immobiliers, les revenus de cette activité ayant atteint zéro au cours de la dernière année d'analyse.

- Les changements géopolitiques, tels que la pandémie et le déclenchement de la guerre en Ukraine, ont entraîné une augmentation des dépenses externes, soulignant la vulnérabilité du secteur du tourisme face à des événements imprévus.

- L'augmentation significative des charges salariales et des indemnités en 2021 est un aspect crucial qui peut influencer les marges bénéficiaires de Turism Felix S.A..

- Au cours de la dernière année de la période analysée, l'entreprise a semblé accorder moins d'attention à ses activités principales, car les recettes d'exploitation n'ont pas progressé au même rythme, la plupart d'entre elles étant dépassées par l'augmentation des dépenses d'exploitation.

Opportunités :

- La possibilité de poursuivre la tendance à la hausse des activités financières, étant donné que la société détient une participation de 30,33 % dans le capital social de Turism Lotus Felix S.A.

- Potentiel de croissance du chiffre d'affaires, compte tenu de son augmentation significative à partir de 2021.

- Diversification des activités pour stimuler d'autres sources de revenus et s'adapter à tous les changements dans le secteur du tourisme.

- La collaboration avec d'autres entreprises du secteur peut ouvrir de nouvelles perspectives de développement.

- La diversification du portefeuille de produits ou de services, même sur les marchés internationaux, permet d'attirer davantage de clients et donc d'augmenter rapidement les revenus des activités de base.

- D'éventuels investissements dans des technologies plus avancées pour les traitements de balnéothérapie peuvent apporter de nombreux avantages concurrentiels et une grande efficacité opérationnelle.

Menaces :

- La forte augmentation des charges d'intérêts peut affecter le résultat net de l'entreprise et doit être gérée avec précaution, même si les revenus d'intérêts ont également connu une hausse significative en 2022.

- Le secteur du tourisme roumain ne cessant de se développer, cet aspect pourrait accroître la concurrence, ce qui pourrait affecter la part de marché de l'entreprise.

- Des situations imprévues, telles que l'apparition de la pandémie de Covid-19 en 2020, peuvent imposer des restrictions aux voyages, ce qui aurait évidemment un impact négatif sur les revenus et les performances de l'entreprise.

- L'instabilité des marchés financiers ou les fluctuations monétaires peuvent affecter les résultats financiers et les coûts de financement de l'entreprise.

- Dans le contexte sanitaire post-pandémique, les risques liés à la santé publique peuvent continuer à avoir un impact négatif sur les activités et les revenus de l'entreprise.

- Des changements législatifs imprévus peuvent entraîner des problèmes concernant les impôts et autres dépenses imposées par l'État.

- En raison de sa forte dépendance à l'égard de certains fournisseurs locaux, l'entreprise est exposée à des risques tels que des retards d'approvisionnement ou des augmentations de tarifs, ce qui entraîne une hausse des dépenses.

Conclusions

Turism Felix S.A. maintient sa performance globale à un niveau optimal, malgré la pandémie de Covid-19 en 2020 et le déclenchement de la guerre en Ukraine en 2022, qui ont eu un impact significatif sur le secteur du tourisme en Roumanie.

Le résultat net a été un bénéfice tout au long des trois années de notre analyse.

L'entreprise a repris ses activités en 2021, réalisant un bénéfice net de près de 10 millions de RON supérieur à celui de l'année de référence. Cette année-là, une grande partie de l'activité s'est concentrée sur les opérations, ce qui a permis d'obtenir un résultat net nettement plus élevé.

En 2022, l'entreprise s'est davantage concentrée sur les aspects financiers, mais le bénéfice net a diminué d'environ 2 millions de lei. Cela suggère clairement que les activités opérationnelles ont été la principale influence sur l'évolution de la performance financière tout au long de la période analysée.

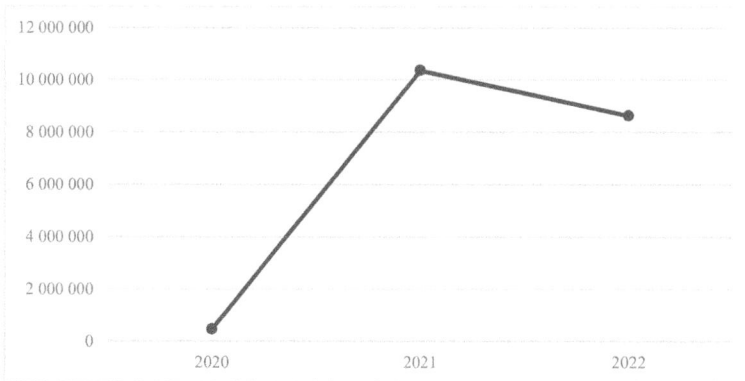

Graphique 19 Évolution du bénéfice net au cours de la période analysée
Source : Traitement des données personnelles

L'analyse des performances financières de Turism Felix S.A. au cours de la période 2020-2022 souligne l'importance de l'adaptabilité et de la résilience dans un environnement économique et géopolitique instable. La capacité de l'entreprise à s'adapter rapidement à des défis importants tels que la pandémie et la guerre en Ukraine est essentielle pour sa survie et sa croissance à long terme.

Des stratégies financières solides sont essentielles pour maintenir la stabilité financière. L'entreprise doit continuer à optimiser sa structure de coûts et à gérer efficacement sa dette pour faire face aux défis économiques futurs.

La diversification des sources de revenus et des portefeuilles de produits est essentielle pour réduire le risque associé à la dépendance à l'égard d'une seule source de revenus. L'exploration de nouveaux marchés et le développement de produits innovants attireront divers segments de clientèle, y compris des clients internationaux.

La responsabilité sociale des entreprises (RSE) est essentielle pour renforcer les relations avec les clients et les partenaires, ce qui procure un avantage concurrentiel à long terme. En continuant à investir dans des initiatives de RSE, l'entreprise conservera sa réputation positive et contribuera au développement durable de la communauté.

Une gouvernance d'entreprise efficace est vitale pour le succès à long terme de l'entreprise. Des structures de gouvernance transparentes et efficaces, qui favorisent une prise de décision éclairée et responsable, attireront et conserveront la confiance des investisseurs et des autres parties prenantes.

Bibliographie

Achim, M. V. et Borlea, S. N. (2012). *Analiza financiară a entității economice*. Cluj-Napoca : Editura Risoprint.

Achim, M. et Borlea, S. (2013). *Gouvernance d'entreprise et performances des entreprises. Approches modernes dans la nouvelle économie*. Allemagne : Lap Lambert Academic Publishing.

Achim, M. et Borlea, S. (2015). Développement d'un score ESG pour évaluer les performances non financières des entreprises roumaines. *Procedia Economics and Finance 32*, 1209 - 1224.

Achim, M. et Borlea, S. (2020). *Ghid pentru analiza-diagnostic a starii financiare*. Cluj-Napoca : Editura RISOPRINT.

Achim, M., Borlea, S. et Mare, C. (2016). Gouvernance d'entreprise et performance des entreprises : Evidence for the Romanian Economy. *Journal of Business Economics and Management*, 17:3, 458-474.

Achim, M., Muresan, G.-M. et Safta, I. (2022). *Performances des entreprises dans le contexte de la pandémie*. Cluj-Napoca : Presa Universitară Clujeană.

Achim, M.-V., Borlea, S. et Gaban, L. (2016). Prédiction de l'échec du point de vue des investisseurs à l'aide de ratios financiers : leçon de la Roumanie. *Economics and Management*, 117-133. Preluat de pe http://hdl.handle.net/11025/22058

Achim, V. M. (2017). *Analiză economico-financiară - Probleme și studii de caz*. Cluj-Napoca : RISOPRINT.

Balteș, N. et Pavel, R. (2021). Interdependența lichiditate-performanță financiară la societăți aparținând industriei HoReCa cotate la Bursa de Valori București. *ISCA*.

Bucarest, B. D. (2022). *Informations financières*. De BSE : https://www.bvb.ro/FinancialInstruments/Details/FinancialInstrumentsDetails.aspx?s=TUFE

Mihail, B. et Micu, C. (2021). The Influence of the Independent Non-Executive Board Members on the Financial Performance of the Companies Listed in the Bucharest Stock Exchange (L'influence des membres indépendants du conseil d'administration non exécutif sur la performance financière des entreprises cotées à la bourse de Bucarest). *Journal of Risk and Financial Management*. doi:https://doi.org/10.3390/jrfm14100462

Mihail, B., Dumitrescu, D., Serban, D., Micu, C. et Lobda, A. (2021). The Role of Investor Relations and Good Corporate Governance on Firm Performance in the Case of the Companies Listed on

the Bucharest Stock Exchange. *Journal of Risk and Financial Management*.
doi:https://doi.org/10.3390/jrfm14120569

Mironiuc, M., Robu, M.-A., & Robu, I.-B. (2012). L'analyse de l'influence des facteurs financiers et non financiers du risque de faillite. Obtention d'un modèle déterministe pour les entreprises cotées à la Bourse de Bucarest. *Revista Audit Financiar*, 13-23.

S.A, T. F. (2023). *Structure de la propriété.* Tiré de
https://www.turismfelix.eu/pag_rapoarte/TUFE_Structura_actionariat_05042023.pdf

S.A., T. F. (2021). *Présentation de Tursim Felix.* Tiré de
https://www.turismfelix.eu/pag_rapoarte/TUFE_Prezentare_TUFE_102021.pdf

S.A., T. F. (2023). *Gouvernance d'entreprise.* D'après https://www.sctfelix.ro/rapoarte/cv_actual.htm

S.A., T. F. (2023). *La structure de l'entreprise.* Tiré de https://www.felixspa.com/ro/

Siminica, M., Circiumaru, D., Achim, M., Sichigea, M., Muresan, G.-M., Carstina, S., & Rus, A. (2023). *Analiza financiară a companiilor listate la Bursa de Valori Bucureşti (perioada 2019-2021).* Bucuresti : Editura Economica.

Annexes

Annexe 1. Bilan de Turism Felix S.A. (version roumaine)

BILANT	2020
A. ACTIVE IMOBILIZATE	
I. Imobilizari necorporale	
1. Cheltuieli de dezvoltare	
2. Concesiuni, brevete, licențe, mărci comerciale, drepturi și active similare și alte imobilizări necorporale	411,578
3. Fond comercial	
4. Avansuri	
5. Active necorporale de explorare și evaluare a resurselor minerale	
TOTAL:	411,578
II. Imobilizari corporale	
1. Terenuri și construcții	176,820,852
2. Instalații tehnice și mașini	5,070,356
3. Alte instalații, utilaje și mobilier	840,467
4. Investiții imobiliare	348,490
5. Imobilizări corporale în curs de execuție	5,422,541
6. Investiții imobiliare în curs de execuție	
7. Active corporale de explorare și evaluare a resurselor minerale	
8. Plante productive	
9. Avansuri	7,955,457
TOTAL:	196,458,163
III. Active biologice productive	
IV. DREPTURI DE UTILIZARE A ACTIVELOR LUATE ÎN LEASING	
V. IMOBILIZĂRI FINANCIARE	
1. Acțiuni deținute la filiale	
2. Împrumuturi acordate entităților din grup	
3. Acțiunile deținute la entitățile asociate și la entitățile controlate în comun	11,528,606
4. Împrumuturi acordate entităților asociate și entităților controlate în comun	
5. Alte titluri imobilizate	
6. Alte împrumuturi	
TOTAL	11,528,606
ACTIVE IMOBILIZATE – TOTAL	208,398,347
B. ACTIVE CIRCULANTE	
I. STOCURI	
1. Materii prime și materiale consumabile	1,211,515
2. Active imobilizate deținute în vederea vânzării	
3. Producția în curs de execuție	
4. Produse finite și mărfuri	260,761
5. Avansuri	
TOTAL	1,472,276
II. CREANȚE	
1. Creanțe comerciale	3,563,529
2. Avansuri plătite	0
3. Sume de încasat de la entitățile din grup	
4. Sume de încasat de la entitățile asociate și entitățile controlate în comun	
5. Creanțe rezultate din operațiunile cu instrumente derivate	
6. Alte creanțe	2,486,711
7. Capital subscris și nevărsat	
8. Creanțe reprezentând dividende repartizate în cursul exercițiului financiar	
TOTAL	6,050,240
III. INVESTIȚII PE TERMEN SCURT	1,542,551
IV. CASA ȘI CONTURI LA BĂNCI	6,002,594
ACTIVE CIRCULANTE – TOTAL	15,067,661
C. CHELTUIELI ÎN AVANS	169,000
Sume de reluat într-o perioadă de până la un an	169,000
Sume de reluat într-o perioadă mai mare de un an	

D. DATORII: SUMELE CARE TREBUIE PLATITE INTR-O PERIOADA DE PANA LA UN AN	
1. Împrumuturi din emisiunea de obligaţiuni, prezentându-se separat împrumuturile din emisiunea de obligaţiuni convertibile	
2. Sume datorate instituţiilor de credit	2,688,135
3. Avansuri încasate în contul comenzilor	
4. Datorii comerciale - furnizori	5,671,197
5. Efecte de comerţ de plătit	
6. Sume datorate entităţilor din grup	
7. Sume datorate entităţilor asociate şi entităţilor controlate în comun	
8. Datorii rezultate din operaţiunile cu instrumente derivate	
9. Alte datorii, inclusiv datoriile fiscale şi datoriile privind asigurările sociale	4,939,676
TOTAL	13,299,008
E. ACTIVE CIRCULANTE NETE/DATORII CURENTE NETE	-1,103,208
F. TOTAL ACTIVE MINUS DATORII CURENTE	207,295,139
G. DATORII: SUMELE CARE TREBUIE PLĂTITE ÎNTR-O PERIOADĂ MAI MARE DE UN AN	
1. Împrumuturi din emisiunea de obligaţiuni, prezentându-se separat împrumuturile din emisiunea de obligaţiuni convertibile	
2. Sume datorate instituţiilor de credit	
3. Avansuri încasate în contul comenzilor	
4. Datorii comerciale - furnizori	
5. Efecte de comerţ de plătit	
6. Sume datorate entităţilor din grup	
7. Sume datorate entităţilor asociate şi entităţilor controlate în comun	
8. Datorii rezultate din operaţiunile cu instrumente derivate	
9. Alte datorii, inclusiv datoriile fiscale şi datoriile privind asigurările sociale	11,805,934
TOTAL	11,805,934
H.PROVIZIOANE	
1. Provizioane pentru beneficiile angajaţilor	390,677
2. Alte provizioane	
TOTAL	390,677
I. VENITURI ÎN AVANS	
1. Subvenţii pentru investiţii	
Sume de reluat într-o perioadă de până la un an	
Sume de reluat într-o perioadă mai mare de un an	
2. Venituri înregistrate în avans	3,040,861
Sume de reluat într-o perioadă de până la un an	3,040,861
Sume de reluat într-o perioadă mai mare de un an	
3. Venituri în avans aferente activelor primite prin transfer de la clienţi	
Sume de reluat într-o perioadă de până la un an	
Sume de reluat într-o perioadă mai mare de un an	
TOTAL	3,040,861
J. CAPITAL ŞI REZERVE	
I. CAPITAL	
1. Capital subscris vărsat	49,614,946
2. Capital subscris nevărsat	
3. Capital subscris reprezentând datorii financiare	
4. Patrimoniul regiei	
5. Ajustări ale capitalului social/ patrimoniul regiei SOLD C	
SOLD D	
6. Alte elemente de capitaluri proprii SOLD C	
SOLD D	38,708,593
TOTAL	10,906,353
II. PRIME DE CAPITAL	
III. REZERVE DIN REEVALUARE	93,395,358
IV. REZERVE	
1. Rezerve legale	5,417,067
2. Rezerve statutare sau contractuale	
3. Alte rezerve	62,288,875
TOTAL	67,705,942
Diferenţe de curs valutar din conversia situaţiilor financiare anuale individuale într-o monedă de prezentare diferită de monedă funcţională SOLD C	
SOLD D	
Acţiuni proprii	1,978,887
Câştiguri legate de instrumentele de capitaluri proprii	
Pierderi legate de instrumentele de capitaluri proprii	
V. REZULTAT REPORTAT, CU EXCEPŢIA REZULTATULUI REPORTAT PROVENIT DIN ADOPTAREA PENTRU PRIMA DATA A IAS 29 SOLD C	24,613,570
SOLD D	
VI. REZULTAT REPORTAT PROVENIT DIN ADOPTAREA PENTRU PRIMA DATA A IAS 29 SOLD C	
SOLD D	
VII. PROFITUL SAU PIERDEREA LA SFÂRŞITUL PERIOADEI DE RAPORTARE SOLD C	462,885
SOLD D	
Repartizarea profitului	6,693
J. CAPITALURI PROPRII – TOTAL	195,098,528
Patrimoniul privat	
Patrimoniul public	
CAPITALURI - TOTAL	195,098,528

BILANT	2021
A. ACTIVE IMOBILIZATE	
I. Imobilizari necorporale	
1. Cheltuieli de dezvoltare	
2. Concesiuni, brevete, licenţe, mărci comerciale, drepturi şi active similare şi alte imobilizări necorporale	262,264
3. Fond comercial	
4. Avansuri	
5. Active necorporale de explorare şi evaluare a resurselor minerale	
TOTAL:	262,264
II. Imobilizari corporale	
1. Terenuri şi construcţii	171,353,820
2. Instalaţii tehnice şi maşini	5,126,823
3. Alte instalaţii, utilaje şi mobilier	530,903
4. Investiţii imobiliare	281,752
5. Imobilizări corporale în curs de execuţie	10,243,650
6. Investiţii imobiliare în curs de execuţie	
7. Active corporale de explorare şi evaluare a resurselor minerale	
8. Plante productive	
9. Avansuri	10,370,693
TOTAL:	197,907,641
III. Active biologice productive	
IV. DREPTURI DE UTILIZARE A ACTIVELOR LUATE ÎN LEASING	
V. IMOBILIZĂRI FINANCIARE	
1. Acţiuni deţinute la filiale	
2. Împrumuturi acordate entităţilor din grup	
3. Acţiunile deţinute la entităţile asociate şi la entităţile controlate în comun	13,373,183
4. Împrumuturi acordate entităţilor asociate şi entităţilor controlate în comun	
5. Alte titluri imobilizate	
6. Alte împrumuturi	
TOTAL	13,373,183
ACTIVE IMOBILIZATE – TOTAL	211,543,088
B. ACTIVE CIRCULANTE	
I. STOCURI	
1. Materii prime şi materiale consumabile	1,474,060
2. Active imobilizate deţinute în vederea vânzării	
3. Producţia în curs de execuţie	
4. Produse finite şi mărfuri	394,173
5. Avansuri	
TOTAL	1,868,233
II. CREANŢE	
1. Creanţe comerciale	747,567
2. Avansuri plătite	16,556
3. Sume de încasat de la entităţile din grup	1,814,340
4. Sume de încasat de la entităţile asociate şi entităţile controlate în comun	
5. Creanţe rezultate din operaţiunile cu instrumente derivate	
6. Alte creanţe	2,439,492
7. Capital subscris şi nevărsat	
8. Creanţe reprezentând dividende repartizate în cursul exerciţiului financiar	
TOTAL	5,017,955
III. INVESTIŢII PE TERMEN SCURT	1,451,905
IV. CASA ŞI CONTURI LA BĂNCI	12,943,892
ACTIVE CIRCULANTE – TOTAL	21,281,985
C. CHELTUIELI ÎN AVANS	246,796
Sume de reluat într-o perioadă de până la un an	246,796
Sume de reluat într-o perioadă mai mare de un an	

D. DATORII: SUMELE CARE TREBUIE PLATITE INTR-O PERIOADA DE PANA LA UN AN	
1. Împrumuturi din emisiunea de obligaţiuni, prezentându-se	
separat împrumuturile din emisiunea de obligaţiuni convertibile	
2. Sume datorate instituţiilor de credit	0
3. Avansuri încasate în contul comenzilor	1,526,075
4. Datorii comerciale - furnizori	5,218,712
5. Efecte de comerţ de plătit	
6. Sume datorate entităţilor din grup	262,408
7. Sume datorate entităţilor asociate şi entităţilor controlate în comun	
8. Datorii rezultate din operaţiunile cu instrumente derivate	
9. Alte datorii, inclusiv datoriile fiscale şi datoriile privind asigurările sociale	5,995,421
TOTAL	13,002,616
E. ACTIVE CIRCULANTE NETE/DATORII CURENTE NETE	8,526,165
F. TOTAL ACTIVE MINUS DATORII CURENTE	220,069,253
G. DATORII: SUMELE CARE TREBUIE PLĂTITE ÎNTR-O PERIOADĂ MAI MARE DE UN AN	
1. Împrumuturi din emisiunea de obligaţiuni, prezentându-se separat împrumuturile din emisiunea de	
obligaţiuni convertibile	
2. Sume datorate instituţiilor de credit	
3. Avansuri încasate în contul comenzilor	
4. Datorii comerciale - furnizori	
5. Efecte de comerţ de plătit	
6. Sume datorate entităţilor din grup	
7. Sume datorate entităţilor asociate şi entităţilor controlate în comun	
8. Datorii rezultate din operaţiunile cu instrumente derivate	
9. Alte datorii, inclusiv datoriile fiscale şi datoriile privind asigurările sociale	11,487,314
TOTAL	11,487,314
H.PROVIZIOANE	
1. Provizioane pentru beneficiile angajaţilor	1,229,103
2. Alte provizioane	
TOTAL	1,229,103
I. VENITURI ÎN AVANS	
1. Subvenţii pentru investiţii	0
Sume de reluat într-o perioadă de până la un an	0
Sume de reluat într-o perioadă mai mare de un an	
2. Venituri înregistrate în avans	0
Sume de reluat într-o perioadă de până la un an	0
Sume de reluat într-o perioadă mai mare de un an	
3. Venituri în avans aferente activelor primite prin transfer de la clienţi	
Sume de reluat într-o perioadă de până la un an	
Sume de reluat într-o perioadă mai mare de un an	
TOTAL	0
J. CAPITAL ŞI REZERVE	
I. CAPITAL	
1. Capital subscris vărsat	49,130,671
2. Capital subscris nevărsat	
3. Capital subscris reprezentând datorii financiare	
4. Patrimoniul regiei	
5. Ajustări ale capitalului social/ patrimoniul regiei SOLD C	
SOLD D	
6. Alte elemente de capitaluri proprii SOLD C	
SOLD D	36,808,906
TOTAL	12,321,765
II. PRIME DE CAPITAL	
III. REZERVE DIN REEVALUARE	91,206,345
IV. REZERVE	
1. Rezerve legale	5,529,177
2. Rezerve statutare sau contractuale	
3. Alte rezerve	62,745,066
TOTAL	68,274,243
Diferenţe de curs valutar din conversia situaţiilor financiare anuale individuale într-o monedă de prezentare	
diferită de monedă funcţională SOLD C	
SOLD D	
Acţiuni proprii	47,499
Câştiguri legate de instrumentele de capitaluri proprii	
Pierderi legate de instrumentele de capitaluri proprii	1,447,113
V. REZULTAT REPORTAT, CU EXCEPŢIA REZULTATULUI REPORTAT PROVENIT DIN ADOPTAREA PENTRU PRIMA DATA A IAS 29 SOLD C	26,802,583
SOLD D	
VI. REZULTAT REPORTAT PROVENIT DIN ADOPTAREA PENTRU PRIMA DATA A IAS 29 SOLD C	
SOLD D	
VII. PROFITUL SAU PIERDEREA LA SFÂRŞITUL PERIOADEI DE RAPORTARE SOLD C	10,354,622
SOLD D	
Repartizarea profitului	112,110
J. CAPITALURI PROPRII – TOTAL	207,352,836
Patrimoniul privat	
Patrimoniul public	
CAPITALURI - TOTAL	207,352,836

BILANT	2022
A. ACTIVE IMOBILIZATE	
I. Imobilizari necorporale	
1. Cheltuieli de dezvoltare	
2. Concesiuni, brevete, licențe, mărci comerciale, drepturi și active similare și alte imobilizări necorporale	282,433
3. Fond comercial	
4. Avansuri	
5. Active necorporale de explorare și evaluare a resurselor minerale	
TOTAL:	282,433
II. Imobilizari corporale	
1. Terenuri și construcții	173,029,301
2. Instalații tehnice și mașini	4,817,661
3. Alte instalații, utilaje și mobilier	1,535,007
4. Investiții imobiliare	218,121
5. Imobilizări corporale în curs de execuție	26,754,444
6. Investiții imobiliare în curs de execuție	0
7. Active corporale de explorare și evaluare a resurselor minerale	
8. Plante productive	
9. Avansuri	11,431,596
TOTAL:	217,786,130
III. Active biologice productive	
IV. DREPTURI DE UTILIZARE A ACTIVELOR LUATE ÎN LEASING	
V. IMOBILIZĂRI FINANCIARE	
1. Acțiuni deținute la filiale	
2. Împrumuturi acordate entităților din grup	
3. Acțiunile deținute la entitățile asociate și la entitățile controlate în comun	15,409,904
4. Împrumuturi acordate entităților asociate și entitățile controlate în comun	
5. Alte titluri imobilizate	
6. Alte împrumuturi	
TOTAL	15,409,904
ACTIVE IMOBILIZATE – TOTAL	233,478,467
B. ACTIVE CIRCULANTE	
I. STOCURI	
1. Materii prime și materiale consumabile	1,145,231
2. Active imobilizate deținute în vederea vânzării	
3. Producția în curs de execuție	
4. Produse finite și mărfuri	448,073
5. Avansuri	
TOTAL	1,593,304
II. CREANȚE	
1. Creanțe comerciale	159,444
2. Avansuri plătite	497,206
3. Sume de încasat de la entitățile din grup	2,194,723
4. Sume de încasat de la entitățile asociate și entitățile controlate în comun	
5. Creanțe rezultate din operațiunile cu instrumente derivate	
6. Alte creanțe	2,305,283
7. Capital subscris și nevărsat	
8. Creanțe reprezentând dividende repartizate în cursul exercițiului financiar	
TOTAL	5,156,656
III. INVESTIȚII PE TERMEN SCURT	1,132,631
IV. CASA ȘI CONTURI LA BĂNCI	15,054,777
ACTIVE CIRCULANTE – TOTAL	22,937,368
C. CHELTUIELI ÎN AVANS	196,554
Sume de reluat într-o perioadă de până la un an	196,554
Sume de reluat într-o perioadă mai mare de un an	

D. DATORII: SUMELE CARE TREBUIE PLATITE INTR-O PERIOADA DE PANA LA UN AN	
1. Împrumuturi din emisiunea de obligaţiuni, prezentându-se separat împrumuturile din emisiunea de obligaţiuni convertibile	
2. Sume datorate instituţiilor de credit	
3. Avansuri încasate în contul comenzilor	1,531,123
4. Datorii comerciale - furnizori	7,682,666
5. Efecte de comerţ de plătit	
6. Sume datorate entităţilor din grup	1,755
7. Sume datorate entităţilor asociate şi entităţilor controlate în comun	
8. Datorii rezultate din operaţiunile cu instrumente derivate	
9. Alte datorii, inclusiv datoriile fiscale şi datoriile privind asigurările sociale	5,735,237
TOTAL	14,950,781
E. ACTIVE CIRCULANTE NETE/DATORII CURENTE NETE	8,133,855
F. TOTAL ACTIVE MINUS DATORII CURENTE	241,612,322
G. DATORII: SUMELE CARE TREBUIE PLĂTITE ÎNTR-O PERIOADĂ MAI MARE DE UN AN	
1. Împrumuturi din emisiunea de obligaţiuni, prezentându-se separat împrumuturile din emisiunea de obligaţiuni convertibile	9,937,431
2. Sume datorate instituţiilor de credit	
3. Avansuri încasate în contul comenzilor	
4. Datorii comerciale - furnizori	
5. Efecte de comerţ de plătit	
6. Sume datorate entităţilor din grup	
7. Sume datorate entităţilor asociate şi entităţilor controlate în comun	
8. Datorii rezultate din operaţiunile cu instrumente derivate	
9. Alte datorii, inclusiv datoriile fiscale şi datoriile privind asigurările sociale	12,109,099
TOTAL	22,046,530
H.PROVIZIOANE	
1. Provizioane pentru beneficiile angajaţilor	1,545,188
2. Alte provizioane	
TOTAL	1,545,188
I. VENITURI ÎN AVANS	
1. Subvenţii pentru investiţii	0
Sume de reluat într-o perioadă de până la un an	0
Sume de reluat într-o perioadă mai mare de un an	
2. Venituri înregistrate în avans	49,286
Sume de reluat într-o perioadă de până la un an	49,286
Sume de reluat într-o perioadă mai mare de un an	
3. Venituri în avans aferente activelor primite prin transfer de la clienţi	
Sume de reluat într-o perioadă de până la un an	
Sume de reluat într-o perioadă mai mare de un an	
TOTAL	49,286
J. CAPITAL ŞI REZERVE	
I. CAPITAL	
1. Capital subscris vărsat	49,118,796
2. Capital subscris nevărsat	
3. Capital subscris reprezentând datorii financiare	
4. Patrimoniul regiei	
5. Ajustări ale capitalului social/ patrimoniul regiei SOLD C	
SOLD D	
6. Alte elemente de capitaluri proprii SOLD C	
SOLD D	34,768,861
TOTAL	14,349,935
II. PRIME DE CAPITAL	
III. REZERVE DIN REEVALUARE	89,148,844
IV. REZERVE	
1. Rezerve legale	5,645,018
2. Rezerve statutare sau contractuale	
3. Alte rezerve	72,987,579
TOTAL	78,632,597
Diferenţe de curs valutar din conversia situaţiilor financiare anuale individuale într-o monedă de prezentare diferită de moneda funcţională SOLD C	
SOLD D	
Acţiuni proprii	0
Câştiguri legate de instrumentele de capitaluri proprii	
Pierderi legate de instrumentele de capitaluri proprii	0
V. REZULTAT REPORTAT, CU EXCEPŢIA REZULTATULUI REPORTAT PROVENIT DIN ADOPTAREA PENTRU PRIMA DATA A IAS 29 SOLD C	27,369,155
SOLD D	0
VI. REZULTAT REPORTAT PROVENIT DIN ADOPTAREA PENTRU PRIMA DATA A IAS 29 SOLD C	
SOLD D	
VII. PROFITUL SAU PIERDEREA LA SFÂRŞITUL PERIOADEI DE RAPORTARE SOLD C	8,635,913
SOLD D	
Repartizarea profitului	115,840
J. CAPITALURI PROPRII – TOTAL	218,020,604
Patrimoniul privat	
Patrimoniul public	
CAPITALURI - TOTAL	218,020,604

Annexe 2. Compte de résultat de Turism Felix S.A. (version roumaine)

Denumire element	2020
Cifra de afaceri netă	53,825,459
- din care, cifra de afaceri netă corespunzătoare activității preponderente efectiv desfășurate	33,891,433
Producția vândută	33,891,433
Venituri din vânzarea mărfurilor	19,934,026
Reduceri comerciale acordate	
Venituri din subvenții de exploatare aferente cifrei de afaceri	
Venituri aferente costului producției în curs de êxecuție SOLD C	42,510
SOLD D	0
Venituri din producția de imobilizări și investiții imobiliare	32,982
Venituri din producția de imobilizări necorporale și corporale	32,982
Venituri din producția de investiții imobiliare	
Venituri din activele imobilizate (sau grupurile destinate cedării) deținute în vederea vânzării	
Castiguri din evaluarea activelor detinute in vederea vanzarii	
Venituri din cedarea activelor deținute în vederea vânzării	
Venituri din reevaluarea imobilizărilor	
Venituri din investiții imobiliare	
Venituri din active biologice și produse agricole	
Venituri din subvenții de exploatare	
Alte venituri din exploatare, din care:	454,659
venituri din subvenții pentru investiții	
câștiguri din cumpărări în condiții avantajoase	
VENITURI DIN EXPLOATARE - TOTAL	54,355,610
a) Cheltuieli cu materiile prime și materialele consumabile	2,331,001
Alte cheltuieli materiale	310,440
b) Alte cheltuieli externe (cu energie și apă)	6,538,191
din care, cheltuieli privind consumul de energie	5,919,009
cheltuieli privind consumul de gaze naturale	
c) Cheltuieli privind mărfurile	6,894,751
Reduceri comerciale primite	17,367
Cheltuieli cu personalul, din care:	22,432,524
a) Salarii și indemnizații	21,875,635
b) Cheltuieli privind asigurările și protecția socială	556,889
a) Ajustări de valoare privind imobilizările	6,552,004
a.1) Cheltuieli cu amortizările și ajustările pentru depreciere	6,552,004
a.2) Cheltuieli cu amortizarea activelor aferente drepturilor de utilizare a activelor luate în leasing	
a.3) Venituri	
b) Ajustări de valoare privind activele circulante	5,098
b.1) Cheltuieli	46,720
b.2) Venituri	41,622
Alte cheltuieli de exploatare	8,280,126
1. Cheltuieli privind prestațiile externe	5,437,424
2. Cheltuieli cu alte impozite, taxe și vărsăminte asimilate; cheltuieli reprezentând transferuri și contribuții datorate în baza unor acte normative speciale	2,561,790
3. Cheltuieli cu protecția mediului înconjurător	
4. Cheltuieli legate de activele imobilizate (sau grupurile destinate cedării) deținute în vederea vânzării	
Pierderi din evaluarea activelor detinute in vederea vanzarii	
Cheltuieli cu cedarea activelor detinute in vederea vanzarii	
5. Cheltuieli din reevaluarea imobilizărilor	
6. Cheltuieli privind investițiile imobiliare	
7. Cheltuieli privind activele biologice	
8. Cheltuieli privind calamitățile și alte evenimente similare	
9. Alte cheltuieli	280,912
Ajustări privind provizioanele	-338,862
Cheltuieli	420,446
Venituri	759,308
CHELTUIELI DE EXPLOATARE – TOTAL	52,987,906
PROFITUL SAU PIERDEREA DIN EXPLOATARE:	
Profit	1,367,704
Pierdere	0

Venituri din acţiuni deţinute la filiale	
Venituri din acţiuni deţinute la entităţi asociate	
Venituri din acţiuni deţinute la entităţi asociate şi entităţi controlate în comun	
Venituri din operaţiuni cu titluri şi alte instrumente financiare	
Venituri din operaţiuni cu instrumente derivate	
Venituri din diferenţe de curs valutar	70,654
Venituri din dobânzi	3,313
din care, veniturile obţinute de la entităţile din grup	
Venituri din subvenţii de exploatare pentru dobânda datorată	
Venituri din investiţii financiare pe termen scurt	119,879
Venituri din amânarea încasării peste termenele normale de creditare	
Alte venituri financiare	
VENITURI FINANCIARE – TOTAL	193,846
Ajustări de valoare privind imobilizările financiare şi investiţiile financiare deţinute ca active circulante	
Cheltuieli	
Venituri	
Cheltuieli privind operaţiunile cu titluri şi alte instrumente financiare	656,393
Cheltuieli privind operaţiunile cu instrumente derivate	
Cheltuieli privind dobânzile	33,397
din care, cheltuielile în relaţia cu entităţile din grup	
Cheltuieli cu amânarea plăţii peste termenele normale de creditare	
Cheltuieli privind dobânzile aferente contractelor de leasing	
Alte cheltuieli financiare	218,105
CHELTUIELI FINANCIARE – TOTAL	907,895
PROFITUL SAU PIERDEREA FINANCIAR(Ă):	
Profit	0
Pierdere	714,049
VENITURI TOTALE	54,549,456
CHELTUIELI TOTALE	53,895,801
PROFITUL SAU PIERDEREA BRUT(Ă):	
Profit	653,655
Pierdere	0
Impozitul pe profit curent	57,284
Impozitul pe profit amânat	
Venituri din impozitul pe profit amânat	
Cheltuieli cu impozitul pe profit, determinate de incertitudinile legate de tratamente fiscale	
Cheltuieli cu impozitul pe profit rezultat din decontările în cadrul grupului fiscal în domeniul impozitului pe profit	
Venituri din impozitul pe profit rezultat din decontările în cadrul grupului fiscal în domeniul impozitului pe profit	
Impozitul specific unor activităţi	133,486
Alte impozite neprezentate la elementele de mai sus	
PROFITUL SAU PIERDEREA NET(Ă) A PERIOADEI DE RAPORTARE:	
Profit	462,885
Pierdere	0

Denumire element	2021
Cifra de afaceri netă	82,241,715
- din care, cifra de afaceri netă corespunzătoare activității preponderente efectiv desfăşurate	52,181,575
Producția vândută	52,181,575
Venituri din vânzarea mărfurilor	30,060,140
Reduceri comerciale acordate	
Venituri din subvenţii de exploatare aferente cifrei de afaceri	
Venituri aferente costului producției în curs de execuţie SOLD C	90,940
SOLD D	
Venituri din producţia de imobilizări şi investiţii imobiliare	6,578
Venituri din producţia de imobilizări necorporale şi corporale	6,578
Venituri din producţia de investiţii imobiliare	
Venituri din activele imobilizate (sau grupurile destinate cedării) deţinute în vederea vânzării	
Castiguri din evaluarea activelor detinute in vederea vanzarii	
Venituri din cedarea activelor deţinute în vederea vânzării	
Venituri din reevaluarea imobilizărilor	
Venituri din investiţii imobiliare	
Venituri din active biologice şi produse agricole	
Venituri din subvenţii de exploatare	3,417,248
Alte venituri din exploatare, din care:	610,400
venituri din subvenţii pentru investiţii	
câştiguri din cumpărări în condiţii avantajoase	
VENITURI DIN EXPLOATARE - TOTAL	86,366,881
a) Cheltuieli cu materiile prime şi materialele consumabile	3,094,960
Alte cheltuieli materiale	1,121,308
b) Alte cheltuieli externe (cu energie şi apă)	8,626,562
din care, cheltuieli privind consumul de energie	7,589,208
cheltuieli privind consumul de gaze naturale	
c) Cheltuieli privind mărfurile	9,586,304
Reduceri comerciale primite	5,356
Cheltuieli cu personalul, din care:	33,971,891
a) Salarii şi indemnizaţii	33,255,161
b) Cheltuieli privind asigurările şi protecţia socială	716,730
a) Ajustări de valoare privind imobilizările	7,800,436
a.1) Cheltuieli cu amortizările şi ajustările pentru depreciere	7,800,436
a.2) Cheltuieli cu amortizarea activelor aferente drepturilor de utilizare a activelor luate în leasing	
a.3) Venituri	
b) Ajustări de valoare privind activele circulante	954,833
b.1) Cheltuieli	1,024,159
b.2) Venituri	69,326
Alte cheltuieli de exploatare	9,408,723
1. Cheltuieli privind prestaţiile externe	6,626,262
2. Cheltuieli cu alte impozite, taxe şi vărsăminte asimilate; cheltuieli reprezentând transferuri şi contribuţii datorate în baza unor acte normative speciale	2,625,611
3. Cheltuieli cu protecţia mediului înconjurător	
4. Cheltuieli legate de activele imobilizate (sau grupurile destinate cedării) deţinute în vederea vânzării	
Pierderi din evaluarea activelor detinute in vederea vanzarii	
Cheltuieli cu cedarea activelor detinute in vederea vanzarii	
5. Cheltuieli din reevaluarea imobilizărilor	
6. Cheltuieli privind investiţiile imobiliare	
7. Cheltuieli privind activele biologice	
8. Cheltuieli privind calamităţile şi alte evenimente similare	
9. Alte cheltuieli	156,850
Ajustări privind provizioanele	838,426
Cheltuieli	1,229,103
Venituri	390,677
CHELTUIELI DE EXPLOATARE – TOTAL	75,398,087
PROFITUL SAU PIERDEREA DIN EXPLOATARE:	
Profit	10,968,794
Pierdere	0

Venituri din acțiuni deținute la filiale	
Venituri din acțiuni deținute la entități asociate	
Venituri din acțiuni deținute la entități asociate și entități controlate în comun	
Venituri din operațiuni cu titluri și alte instrumente financiare	
Venituri din operațiuni cu instrumente derivate	
Venituri din diferențe de curs valutar	63,517
Venituri din dobânzi	15,097
din care, veniturile obținute de la entitățile din grup	
Venituri din subvenții de exploatare pentru dobânda datorată	
Venituri din investiții financiare pe termen scurt	40,751
Venituri din amânarea încasării peste termenele normale de creditare	
Alte venituri financiare	138,211
VENITURI FINANCIARE – TOTAL	257,576
Ajustări de valoare privind imobilizările financiare și investițiile financiare deținute ca active circulante	
Cheltuieli	
Venituri	
Cheltuieli privind operațiunile cu titluri și alte instrumente financiare	231,638
Cheltuieli privind operațiunile cu instrumente derivate	
Cheltuieli privind dobânzile	42,106
din care, cheltuielile în relația cu entitățile din grup	
Cheltuieli cu amânarea plății peste termenele normale de creditare	
Cheltuieli privind dobânzile aferente contractelor de leasing	
Alte cheltuieli financiare	14,504
CHELTUIELI FINANCIARE – TOTAL	288,248
PROFITUL SAU PIERDEREA FINANCIAR(Ă):	
Profit	0
Pierdere	30,672
VENITURI TOTALE	86,624,457
CHELTUIELI TOTALE	75,686,335
PROFITUL SAU PIERDEREA BRUT(Ă):	
Profit	10,938,122
Pierdere	0
Impozitul pe profit curent	422,130
Impozitul pe profit amânat	
Venituri din impozitul pe profit amânat	
Cheltuieli cu impozitul pe profit, determinate de incertitudinile legate de tratamente fiscale	
Cheltuieli cu impozitul pe profit rezultat din decontarile in cadrul grupului fiscal in domeniul impozitului pe profit	
Venituri din impozitul pe profit rezultat din decontarile in cadrul grupului fiscal in domeniul impozitului pe profit	
Impozitul specific unor activități	161,370
Alte impozite neprezentate la elementele de mai sus	
PROFITUL SAU PIERDEREA NET(Ă) A PERIOADEI DE RAPORTARE:	
Profit	10,354,622
Pierdere	0

Denumire element	2022
Cifra de afaceri netă	95,678,402
- din care, cifra de afaceri netă corespunzătoare activității preponderente efectiv desfășurate	60,005,880
Producția vândută	60,005,880
Venituri din vânzarea mărfurilor	35,672,522
Reduceri comerciale acordate	
Venituri din subvenții de exploatare aferente cifrei de afaceri	
Venituri aferente costului producției în curs de execuție SOLD C	141,038
SOLD D	
Venituri din producția de imobilizări și investiții imobiliare	
Venituri din producția de imobilizări necorporale și corporale	
Venituri din producția de investiții imobiliare	
Venituri din active imobilizate (sau grupurile destinate cedării) deținute în vederea vânzării	0
Castiguri din evaluarea activelor detinute in vederea vanzarii	
Venituri din cedarea activelor deținute în vederea vânzării	
Venituri din reevaluarea imobilizărilor	
Venituri din investiții imobiliare	
Venituri din active biologice și produse agricole	
Venituri din subvenții de exploatare	2,597,352
Alte venituri din exploatare, din care:	150,553
venituri din subvenții pentru investiții	
câștiguri din cumpărări în condiții avantajoase	
VENITURI DIN EXPLOATARE - TOTAL	98,567,345
a) Cheltuieli cu materiile prime și materialele consumabile	3,937,736
Alte cheltuieli materiale	1,391,221
b) Alte cheltuieli externe (cu energie și apă)	15,068,366
din care, cheltuieli privind consumul de energie	13,919,032
cheltuieli privind consumul de gaze naturale	0
c) Cheltuieli privind mărfurile	11,842,149
Reduceri comerciale primite	7,357
Cheltuieli cu personalul, din care:	38,365,949
a) Salarii și indemnizații	37,566,126
b) Cheltuieli privind asigurările și protecția socială	799,823
a) Ajustări de valoare privind imobilizările	7,670,785
a.1) Cheltuieli cu amortizările și ajustările pentru depreciere	7,670,785
a.2) Cheltuieli cu amortizarea activelor aferente drepturilor de utilizare a activelor luate în leasing	
a.3) Venituri	
b) Ajustări de valoare privind activele circulante	-5,487
b.1) Cheltuieli	5,309
b.2) Venituri	10,796
Alte cheltuieli de exploatare	11,075,008
1. Cheltuieli privind prestațiile externe	7,974,526
2. Cheltuieli cu alte impozite, taxe și vărsăminte asimilate; cheltuieli reprezentând transferuri și contribuții datorate în baza unor acte normative speciale	2,926,960
3. Cheltuieli cu protecția mediului înconjurător	
4. Cheltuieli legate de activele imobilizate (sau grupurile destinate cedării) deținute în vederea vânzării	
Pierderi din evaluarea activelor detinute in vederea vanzarii	
Cheltuieli cu cedarea activelor detinute in vederea vanzarii	
5. Cheltuieli din reevaluarea imobilizărilor	
6. Cheltuieli privind investițiile imobiliare	
7. Cheltuieli privind activele biologice	
8. Cheltuieli privind calamitățile și alte evenimente similare	
9. Alte cheltuieli	173,522
Ajustări privind provizioanele	321,097
Cheltuieli	1,373,101
Venituri	1,052,004
CHELTUIELI DE EXPLOATARE – TOTAL	89,659,467
PROFITUL SAU PIERDEREA DIN EXPLOATARE:	
Profit	8,907,878
Pierdere	0

Venituri din acțiuni deținute la filiale	
Venituri din acțiuni deținute la entități asociate	
Venituri din acțiuni deținute la entități asociate și entități controlate în comun	
Venituri din operațiuni cu titluri și alte instrumente financiare	
Venituri din operațiuni cu instrumente derivate	
Venituri din diferențe de curs valutar	92,998
Venituri din dobânzi	90,718
din care, veniturile obținute de la entitățile din grup	
Venituri din subvenții de exploatare pentru dobânda datorată	
Venituri din investiții financiare pe termen scurt	130,016
Venituri din amânarea încasării peste termenele normale de creditare	
Alte venituri financiare	234,383
VENITURI FINANCIARE – TOTAL	548,115
Ajustări de valoare privind imobilizările financiare și investițiile financiare deținute ca active circulante	
Cheltuieli	
Venituri	
Cheltuieli privind operațiunile cu titluri și alte instrumente financiare	155,924
Cheltuieli privind operațiunile cu instrumente derivate	
Cheltuieli privind dobânzile	55,982
din care, cheltuielile în relația cu entitățile din grup	
Cheltuieli cu amânarea plății peste termenele normale de creditare	
Cheltuieli privind dobânzile aferente contractelor de leasing	
Alte cheltuieli financiare	83,476
CHELTUIELI FINANCIARE – TOTAL	295,382
PROFITUL SAU PIERDEREA FINANCIAR(Ă):	
Profit	252,733
Pierdere	0
VENITURI TOTALE	99,115,460
CHELTUIELI TOTALE	89,954,849
PROFITUL SAU PIERDEREA BRUT(Ă):	
Profit	9,160,611
Pierdere	0
Impozitul pe profit curent	372,647
Impozitul pe profit amânat	
Venituri din impozitul pe profit amânat	
Cheltuieli cu impozitul pe profit, determinate de incertitudinile legate de tratamente fiscale	
Cheltuieli cu impozitul pe profit rezultat din decontarile in cadrul grupului fiscal in domeniul impozitului pe profit	
Venituri din impozitul pe profit rezultat din decontarile in cadrul grupului fiscal in domeniul impozitului pe profit	
Impozitul specific unor activități	152,051
Alte impozite neprezentate la elementele de mai sus	
PROFITUL SAU PIERDEREA NET(Ă) A PERIOADEI DE RAPORTARE:	
Profit	8,635,913
Pierdere	0

Annexe 3. Modèle de détection du risque de faillite - Z-Score d'Altman (version roumaine)

Modelul Altman	2021	2022
X1 - flexibilitatea firmei (CL/AB)	0,03658170	0,03169705
X2 - rata autofinantarii activelor totale (PRI/AB)	0,00198602	0,04035122
X3 - rata rentabilitatii economice (EBIT/AB)	0,04711091	0,03591640
X4 - capacitatea de indatorare (CSV/DT)	1,91028454	1,27277855
X5 - randamentul activelor (CAN/AB)	0,35285989	0,37285184
Scorul Z-Altman (Z=1,2X1 + 1,4X2 + 3,3X3 + 0,6X4 + 0,999X5)	1,70082223	1,34919839

Annexe 4. Analyse des facteurs déterminants du ROA

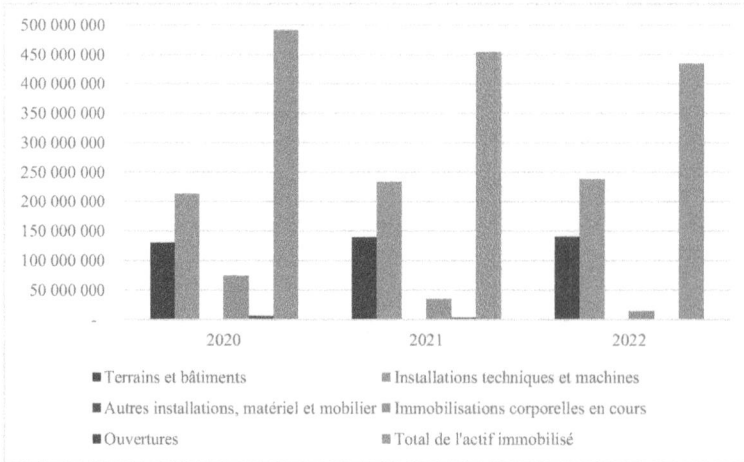

Légende: Terrains et bâtiments ■ Installations techniques et machines ■ Autres installations, matériel et mobilier ■ Immobilisations corporelles en cours ■ Ouvertures ■ Total de l'actif immobilisé

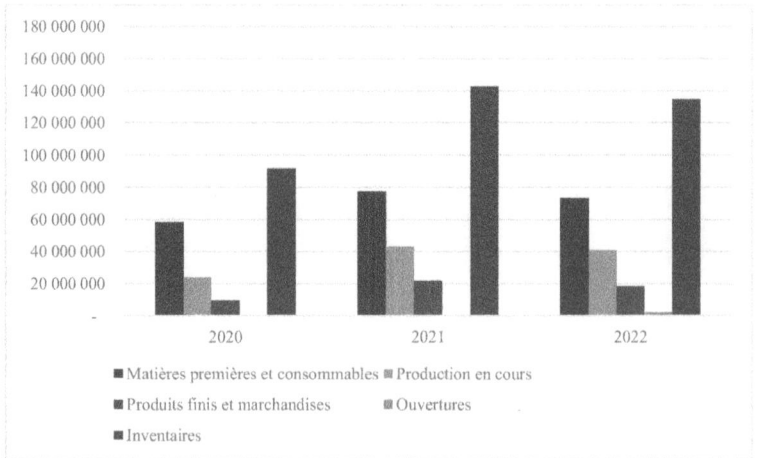

Légende: Matières premières et consommables ■ Production en cours ■ Produits finis et marchandises ■ Ouvertures ■ Inventaires

Annexe 5. Autres analyses du bilan

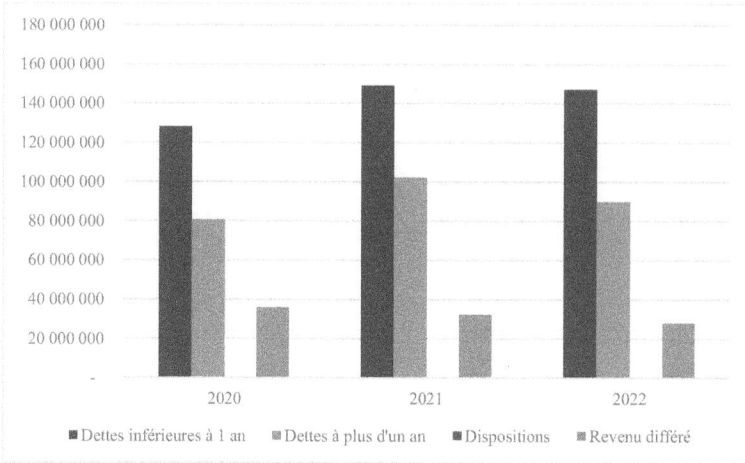

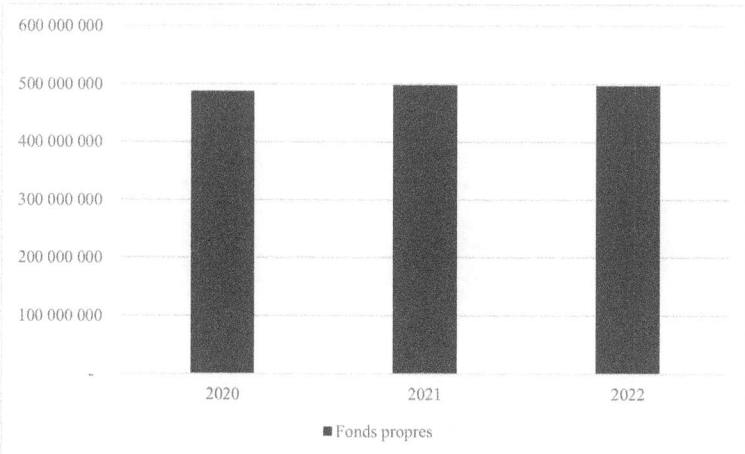

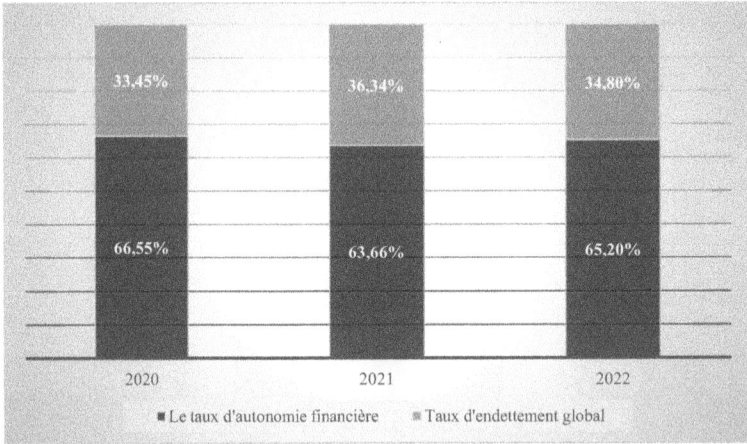

	2020	2021	2022
Taux d'endettement global	33,45%	36,34%	34,80%
Le taux d'autonomie financière	66,55%	63,66%	65,20%

■ Le taux d'autonomie financière   ■ Taux d'endettement global

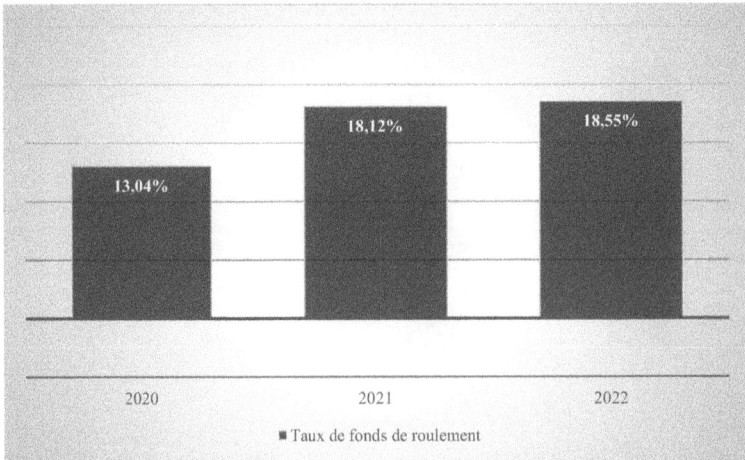

	2020	2021	2022
Taux de fonds de roulement	13,04%	18,12%	18,55%

■ Taux de fonds de roulement

Annexe 6. Autres analyses du compte de résultat

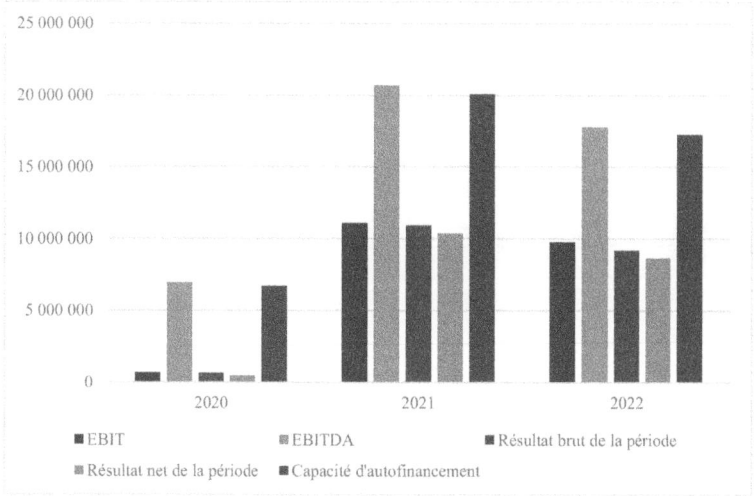

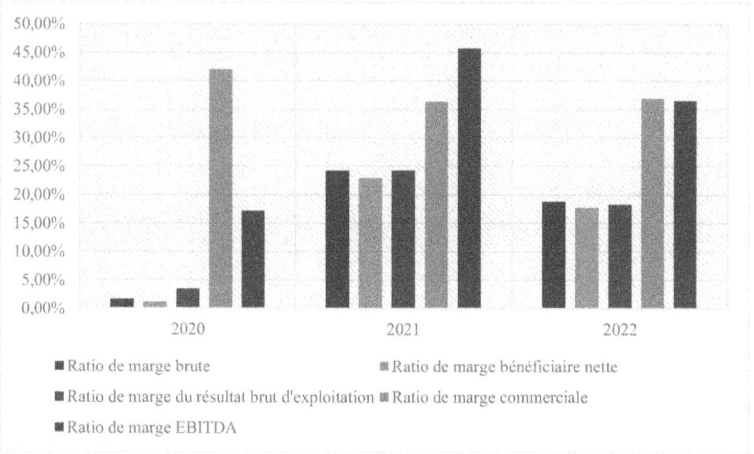

Milton Keynes UK
Ingram Content Group UK Ltd.
UKHW030143051224
452010UK00001B/188